サクッと起業してサクッと売却する

正田 圭

CCCメディアハウス

はじめに
会社を売るのもトマトを売るのも同じ

僕はいわゆるシリアルアントレプレナー（連続起業家）だ。連続的に起業するとはどういうことかというと、**会社を立ち上げて、売却して、また会社をつくって売却する**ということを飽きもせず延々と繰り返す人のことである。**15歳の頃から、僕はこの連続的に起業することを生業にしている。**

「会社を売った」というと、「会社を売るなんてとんでもない」とか「会社なんて簡単に売れるもんなんですか？」と返ってくることが多い。今でこそ、「起業して会社を売却した」といえば、「おぉ、すげーな」とか「おめでとうございます」と言われたりすることも増えてきた気がするが、そうはいっても、まだ「何かいかがわしいことでもしたのではないか」とか「金に目がくらんでるんだ」と思われていることも多いかもしれない。

僕が本書を書いた目的は、この「会社を売る」という行動のメリットを皆さんに理解してもらうことにある。さらに言えば、**「起業して会社をエグジット（売却）する」という「文化」を、日本でもっともっと普及させていきたい**という強い思いがある。

もしかしたら、本書をご覧になった皆さんのなかには、

「こいつは突然何を言い出してるんだ？　起業なんてタダでさえハードルが高いのに、それに加えて売却するだって？　そんなこと、本当に限られた、運の良い一握りの人だけができることでしょ。自分には全然関係ないよ」

なんて思われている方もいるかもしれない。

ただ、僕はあえて言う。

「会社を売ることなんて簡単だ」

「売れる会社を作る方法は誰にでも実現可能である」

僕に言わせれば、**会社を売るのはトマトを売るのと同じ**だ。何の違いもない。ただの、「ものを売る」という行為だ。

会社を5億で売るのも、5億のダイヤモンドを売るのも、5億の不動産を売るのも、何ら変わりはない。

ハリー・ウィンストンで5億円の宝石を売っているお姉さんは普通に実在する。不動産屋で5億円の売買を成立させるお兄ちゃんも存在する。数億円の保険契約を成立させるおっちゃんだってたくさんいる。

ただし、高価なものにはそれにふさわしい売り方がある。

5億円の宝石を売ろうと思ったら、それなりの知識や売り方がある。

ダイヤモンドの産地がどこなのか、どんな特徴があるのか、研磨やカットの技術・種類、重量や色、グレード、ブランドの歴史など、そのダイヤモンドの特長を伝えるさまざまな説明や証明書、高度な接客サービスが必要とされる。

会社も同じだ。

やり方さえわかれば売れるし、その価値に相当する会社だって、作り方さえわかれば作れる。

2017年11月21日、スタートアップ界隈のエグジットニュースで衝撃的なリリースが流れた。インターネット総合事業を展開するDMM.comが、「質屋アプリ」CASHを70億円で買収したというのだ。ＣＡＳＨというアプリは、サービスを開始してからたった数カ月だ。起業してたった数カ月で、70億円もの金額で取引されるというのは日本初の事例だろう。ＣＡＳＨの運営者である光本勇介氏は、ブラケットという会社をも経営していて、以前ブラケットをスタートトゥデイに売却している（現在は買い戻し済）。つまり、ＣＡＳＨの売却は二度目のエグジットというわけだ。

このような事例は、１００年に1度あるかないかの話ではない。むしろ、こんなニュースは今後もっともっと増えていくはずだ。

「会社を売る」という行為は、あなたの人生を想像以上に豊かにすることにつながっていく。あなたの人生を豊かにするのは「たかがお金」なのだ。「たかがお金」なのだから、効率良く手に入れる方法を真剣に模索すべきだ。サクッと起業してサクッと売却して、人生を豊かにしよう。

僕が伝えたいのはそんな話だ。

起業はハードルが高い？

今回、執筆するにあたって、何人かの人たちと「壁打ち」をした。「壁打ち」とは僕の造語だ。これは、僕が昔からやっている、何かを進めるときの儀式のようなものだ。ある業界や分野で最先端を走っている人たちを無理やりお茶やランチに誘い（本人たちにはいい迷惑かもしれないが）、「こんなことやろうとしてるんだけど、どう思う？」なんて僕から一方的に延々と質問をする失礼な行為のことである。

で、今回もその「壁打ち」を、いわゆるスーパー編集者たちとやったわけだが、みんなが口を揃えて「内容としてはおもしろいし、確かにと思うけど、起業ってただでさえハードルが高いわけじゃん？」という。

実は、これを聞いて僕は飛び上がるほど驚いた。

「まだ起業がハードル高いって思う人たちがこの世に存在したなんて！」

でも、僕が話をしているのは今の時代の最先端を走っている編集者たちだ。名前を出したら怒られるかもしれないが、僕が無理やり話を聞いてもらったのは、柿内芳文さんや箕輪厚介さんだ。柿内さんは『さおだけ屋はなぜ潰れないのか？』『嫌われる勇気』『漫画 君たちはどう生きるか』などの、箕輪さんは『多動力』『たった一人の熱狂』などの編集をやっており、間違いなく時代の先端をものすごい勢いで走っている。

つまり、時代がわかっていないのは僕の方だということだ。

「起業はハードルが高い」

この議論は、もう10年以上前に終わった話だと思っていた。先日、キングコングの西野さんが「まだ銀行に就職したいなんて言い出す大学生がいたなんて」と言っていたが、僕はこのニュースを、「そりゃまだいるでしょ」と思いながら見ていた。でも、「起業のハードルが高い」なんてまだ思われている時代だとは思わなかった。

僕は、この「壁打ち」をした日に、会社を売ろうなんて言っている場合じゃないなと痛感した。「会社を作る」ことに対して高いハードルを感じているなかで、「会社を売る」なんて文化が根付くわけがない。

サクッと起業して、サクッと売却するというライフスタイルが世の中に認知されるには、まだまだ時間がかかりそうだ。

なぜ、こんなに起業のハードルが高い社会になってしまったのだろうか？ そして同じく、

なぜみんな会社を売るという発想にならないのだろうか？

無駄に起業のハードルが上がってしまった理由としては、今のベンチャー企業の存在が大きいと思う。

一昔前と異なり、起業のインフラは確かに整った。僕が起業した16年前は、ベンチャーキャピタル（ＶＣ）と知り合えるようなモーニングピッチなんて誰もやってなかったし、株式会社を作ろうとするだけで資本金１０００万円以上を求められる時代だった。

それが今は、いたるところでピッチは行われているし、エンジェルなんていう個人投資家も増えた。証券会社や監査法人も、年商が数千万円もないような会社であろうと、数人体制でまともに話を聞いてくれる。Ｔシャツにパーカーみたいないでたちの若い兄ちゃんの話を、ピシッとスーツを着たエリートサラリーマンたちがメモを取りながら聞く姿は、昔からすれば滑稽だが、今は当たり前の風景だ。

「ほら、こんなに起業のハードルは下がってますよ！」という人は多いと思うし、僕もそう思っている一人だったわけだが、**これは、実はすごく狭いコミュニティ内での話**なのだ。

狭いコミュニティにもかかわらず、起業する人よりもお金を出したい人の方が多い状態になってしまっているから、より大きなことを言って、より多くのお金を引き出そうとするプレゼン上手の起業家が増えてきているのだ。確かに最近、大きなビジョンを壮大に語る起業家が増えた。

誤解のないように言っておくが、起業家が大きなビジョンを語ることを批判しているわけではない。

僕が伝えたいのは、ベンチャー界隈で暮らしている人たちは、閉鎖的なコミュニティを作り上げてしまったがために、やたら「大きなビジョン」を描く起業家が増えてしまったということである。そしてその結果、もともと起業を億劫に感じていた人が、より億劫に感じるようになってしまったという事実である。

起業に崇高な理念など必要ない

いざ起業しようと思うと、世の中をテクノロジーで変革させなきゃいけなかったり、コンピューターに強くなきゃいけなかったり、人工知能で何か高度な分析ができなきゃいけなかったり……みたいな雰囲気が醸成されて、チャレンジングな人はどんどんトライしていくのだろうが、起業は何か崇高なものであるような風潮になりつつある。
まるで、起業ではなく革命でも起こすかのようなマインドが求められているのが、今の起業マーケットだ。

僕は、**「トマトを作って売るような感じで会社を作って売ればよいのに」**と思う。トマトを作るのに、崇高な理想など必要ない。トマトで世界を変革させる必要はないのだ。決してトマトをバカにしているのではない。**起業するのに、崇高な理念や、世界を変革するような志は、とりあえず必要ない**と言いたいのだ。

いつか本気で世界を豊かにするようなサービスを思いついて、それが心の底から一生をかけてやり遂げたいミッションだという確信があるのであれば、そんな素晴らしい起業はない。でも、初めて起業する「起業ビギナー」に、そんなレベルの高い起業を求めるのは間違っているし、そもそもそんなことビギナー起業家にできるわけがない。

「トマトを作って売るように会社を作って売る」とは、**生活する手段として起業し、そして**

作った会社を売却するということだ。

世の中に革命を起こすとか、世界を変えるまでいかなくてもいい。利用者をきちんと満足させて適切な対価を受け取る。たまには気温や台風の影響でトマトがダメになってしまうこともあるかもしれない。それでもめげずにがんばって育て、大手のスーパーや飲食店に買い取ってもらう。そこで得たお金で、自分や家族が幸せになる。

こんな**「当たり前の起業」「当たり前の売却」が、今の世の中では受け入れられていない**。起業インフラが整いすぎてしまったがために、一周回ってなんかおかしい方向に行ってしまっている。

トマトの世界では、当たり前にトマトを育て、当たり前に売却することが受け入れられているのに。

生活のためにトマトを作っている農家が批判されるなんて話は聞いたことがない。大事に育てたトマトをある日突然出荷しても、「金に目がくらんだのだ」などと後ろ指をさされることもない。トマトだと何も言われないことが、なぜ会社だとなんやかんや言われるのだろう。すごく不思議だ。

起業とは、まず、自分が幸せになるためにするものだ。自分が幸せになり、サービスを受けた人が幸せになり、従業員が幸せになり、ステークホルダーたちが幸せになり、自分の周りが徐々に徐々に同心円状に幸せになっていき、世界が変わるのはその結果だ。いきなり世界だけが変わるなんて話はありえない。

こんな当たり前の話が、今、世の中から見失われている。

世界で最もシンプルなお金の儲け方

皆さんは今、会社を作って売ることは簡単に実現できるという僕の持論に半信半疑だろう。

でも、よく考えてみてほしい。**会社を作って売却するのは、世の中に数ある儲け話の中で、一番確実で、一番地に足の着いた、最もシンプルな方法**ではないだろうか。

儲け話と言えば、今は仮想通貨に投資することが流行っている。不動産投資で資産10億なんて本もゴロゴロある。フランチャイズチェーンと契約を交わし、店を出す支援を受けるための説明会は、毎週山ほどやっている。ネットワークビジネスやら情報商材やら、胡散臭いものも挙げればきりがない。

これらの方法にはすべて、共通する問題点がある。それは「他人の作ったシステム」に依存しているということだ。

他人の作ったシステムは、そのシステムを構築した側の人間が、たいていの場合儲かるようになっている。そこに乗っかってしまうと、運が良ければおこぼれが手に入るかもしれないが、多くの場合、システムを作った側に搾取されて終わる。

ビットコインで一番儲かっているのは、ビットコインを作ったサトシ・ナカモトだ。不動産取引で最も儲かっているのはゼネコンである。フランチャイザーより儲かるフランチャイジーなんて聞いたことがない。何かに依存している限り、最後に何かあったとき、ババを引かされてしまうのが世の常だ。

それに比べて、**「起業して会社を売る」**ことはどうだろうか。

自分で起業すれば、自分のわからない要素を取り入れる必要がない。自分がわかっていることを商売にすればいい。

そして、会社を軌道に乗せ、うまくいったら適切なタイミングで売却する。そう、M&Aするのだ。

そろそろ、**仕掛けられるお金儲けから脱却しよう。自分が「仕掛ける側」になったほうが確実に決まってる。**

本書では、この「仕掛け方」を伝える。もちろん、僕は教師ではないし学者でもないから、体験談でしか語れない。でも、**僕は15年以上の時間をかけて、どうしたら起業に成功し、売却まで持っていけるのか、をずっと実践してきた**。むしろ、それだけを意識してきた。

起業するときにまず真っ先に頭を悩ませる資金調達のやり方から、どのように仲間を増やしていくのか、どうやって会社を売ればよいのかまで、縦横無尽に再現可能性の高い方法についていて述べていく。

正田圭という連続起業家（シリアルアントレプレナー）が15年かけて経験してきたことや、そこから得られた考え方を一つの解釈として楽しんでいただき、今後、自分の進むべき道を考えなおす際の一つのきっかけにしてもらえればと思う。

先に言ってしまうと、**本書の結論は、連続起業家という生き方が、今後、時代の主流になっていく**ということである。連続的に起業する方法論を習得すれば、混とんとした時代でも自由に、何かに没頭して生きることができるようになるという話だ。そして、皆さんが最も疑問に思うであろう次のような疑問に答える。

◆**どうやって起業のアイデアをひねり出せばよいのか？**
◆**どうやって資金を調達すればよいのか？**
◆**どうやって事業を軌道に乗せればよいのか？**
◆**どうやって会社を売却すればよいのか？**
◆**どうやってはじめの一歩を踏み出せばよいのか？**

本書は、まだ誰も書いたことのない、「起業して会社を売却する」というところに焦点を当て、踏み込んで書いてみた。会社を売却したという話を聞くことは少なからず増えてはきたものの、会社を売却しようとか、会社を売却する前提で起業しようという話はあまり聞かない。

「起業して会社を売却する」という手段を理解し、扱えるようになることで、自分から世の中に対して働きかけることができるようになる。**先が読めないと言われている時代に、「サクッと起業してサクッと売却する技術」は大きな武器になる**ことだろう。

本書では、起業という概念を再定義するところから始めていく。そして、**起業して会社を売却するという行為が、再現可能性があり、かつ、誰でも実現可能である**ということを証明していくつもりだ。

では、さっそく始めよう。

装丁／溝田 明（デザインエイエム）
本文フォーマット／next door design
編集協力／横山瑠美
校正／円水社

サクッと起業して
サクッと売却する

【目次】

PART1　考え方編

第1章　連続的起業論

第2章 会社売却で人生の選択肢は無限に増える

第3章 起業のFAQ

PART2 実践編

第4章 起業の本質はコミュニケーション戦略

第5章 会社を高値で売却する方法論

PART1

考え方編

第1章

連続的起業論

29歳までに1億円のキャッシュを手に入れろ

起業して間もないころ、僕は六本木のあるビルで、とある著名かつ高齢な投資家の方と雑談をしていた。その投資家は、ふと僕にこう言った。

「**若くして起業したのなら、20代のうちに1億円は作らないと、起業に向いていない**ということだからなぁ」

その投資家は何気なく言ったのだが、その一言は当時18歳だった僕の心を大きくざわつかせた。

「そうか、20代のうちに1億作れなかったら、自分は起業に向いていないのか」と。

それ以来、僕は自分の貯金を毎月月末に数えるようになった。

あなたは、自分の貯金を正確に数えたことがあるだろうか？　1円単位で正確にだ。

実は、お金を正確に数えるのは意外と難しい。

クレジットカードの、来月引き落とされる分は換算するのか。

小銭入れにはいくらの小銭が入っているのか。

保険はどう考えればよいのか。

20代のうちに1億円作れなかったらどうしようという不安は取り越し苦労となった。20代どころか19歳の時に会社を売却することになり、10代のうちに貯金が1億円を超えることとなったのだ。

僕は、本書を通してあなたに提案したい。

29歳までに1億円作ることを目標にしてみてはどうか？　と。

一般的に、一生のうちで貯金が一番多くなる瞬間は、定年退職を迎えるときだ。「老後資金の教科書」（https://avenue-life.jp/blog/）によると、夫婦世帯では老後に1億円の生活費が必要と書いてある。

だが定年退職のタイミングで1億円を持っている人はほんのわずかだ。今の時代、定年退職の際の退職金の平均額は、約2000万円だ。

それでも**ほとんどの人が、人生で最も貯金が多くなるのは、定年退職の際に退職金を受け取ったタイミングだろう。**

その半分の年齢、29歳までの間に資産1億円を作ってしまおうという提案だ。**29歳で1億円を持つ。**これはどういうことかというと、**人よりもお金と時間を多く持っている**ということだ。

僕は、「29歳までに1億円のキャッシュを作ろう」とあなたに真剣に提案したい。**お金と時間を人生の早いタイミングで手に入れることは、あなたが考えている以上にあなたを豊かにする。**みんな、お金と時間の大切さをまだまだ軽視している。

会社を売ったら「海賊王」

『ONE PIECE』という海賊の漫画がある。日本で知らない人はほとんどいないだろう。モンキー・D・ルフィという青年が海賊王を目指す物語だ。全員が海賊王というものを目指していて、仲間になったり戦ったりしながらしのぎを削り合う、というのがざっくりとしたストーリーなのだが、実は、その物語の中で、厳密には海賊王とは何なのかが定義されていない。

人によって定義は違うらしいのだが、**主人公のルフィは、「この海で一番自由な奴が海賊王」だと言っていた**（現時点で僕は物語を追いかけていないので、もしかしたらすでに別の定義があるかもしれない）。

現代社会で「自由」とはどういうことかといえば、お金と時間がふんだんにあることだ。つまり、**お金と時間を両方手に入れている者が「海賊王」**というわけだ。

早いうちに資産を作る。

そのためには、起業して会社を売却するのが最もシンプルで確実な方法だ。

僕は、なるべく若いうちに会社売却をすることを勧めている。当たり前だが、**会社売却をすると、時間もお金も両方いっぺんに手に入る。**お金も時間もあるなんて状態は、普通の人生を過ごしていたら、定年退職する瞬間くらいしかない。

僕自身、会社を何度も売却したことで、大きな恩恵を受けている。このメリットを、あなたにもぜひ受け取ってもらいたいのだ。

どうやって起業し、どうやって会社を売却すればよいのかとよく聞かれる。もちろん本書ではその話もする。しかし、慌てずに聞いてほしい。「どうやって」起業し、会社を売却するかの前に、まず**「なぜ」あなたは起業して会社を売却する道を選ぶのか**ということを真剣に考えてみてほしい。

起業して成功する方法については、すでに飽和状態なくらいにいろんな情報が出回っている。そして、どのやり方も、これが絶対に正解だというものはない。こと起業においては（何の道でもそうかもしれないが）、絶対にこれをやればよいみたいなものは存在しないのだ（これをやってはいけない、というのはあるかもしれないが）。

それよりも、「なぜ」そうするのかのほうが大事だ。**HOWではなくWHY**なのだ。そこがブレてしまっていては、「どうやった」ってできるわけがない。

少し話がそれてしまうかもしれないが、僕は7年ほど前まで超ヘビースモーカーだった。セブンスター14ミリを1日4箱吸っていた。ある事業が失敗したときに、タバコをやめようと思い、禁煙した。「どうやって」禁煙しようか悩み、いろんな手法を使ってみた。ニコチンガム、電子たばこ、禁煙外来……。禁煙外来は効果てきめんで、かなりいい線までいったのだが、飲み薬を持ち歩き忘れた瞬間に失敗した。

結局、自分が禁煙に成功したのは、アレン・カーの『禁煙セラピー』という本がきっかけだった。

その本の大半は、「どうやって」禁煙するかではなく、「なぜ」そもそもタバコを吸う必要があるのか（否、吸う必要などない）という話だった。

僕はこの本を読んで、タバコを一発でやめることができた。自分にはタバコは必要ないということが、腹の底から納得できたからだ。

「なぜか」を一度しっかり理解すれば、人間忘れることはない。意味のない数字の羅列や脈絡のない話は次の日にはほとんど忘れてしまうのが人間の脳みそだが、理屈をしっかりと脳に刻み込んだものは、忘れたくても忘れられない。

人間の動機付けには、「HOW」より「WHY」が大事だ。

「どうやって」起業に成功するかは、一番重要な話ではない。「どうやるか」は100人いれば100通りの方法がある。時代によっても違う。業種によっても異なる。当人の性格や能力によっても、できること、できないこと、やりやすいこと、やりにくいことがある。

「どう」よりも、「なぜ」が一番重要だ。

「なぜ」がしっかりしていないと、軸がブレてしまう。楽して金儲けをしようとしか考えていない起業家は、一度や二度行き止まりにぶつかると始めたことをほっぽり出して、自分の人生から起業という選択肢を消滅させてしまい、売却までたどり着けない。

自分がやっていることに対して強い理由を持っていれば、「どうやって」は後からついてくる。

だから、「なぜ」あなたがなるべく早くお金と時間を手に入れ、そのために「サクッと起業してサクッと売却する」という方法を選ぶのか、をまずはしっかりと理解してほしい。

最強の就活は、就職先に会社を売却すること！

僕がもし、母校で15分間だけ学生たちに何かスピーチをしてくれと頼まれたら、「学生はバイトをするな」というテーマで話をする。バイトではなくインターンがおすすめだとか、そういう話ではない。インターンもするな。

バイトやインターンをする時間なんて無駄だ。企業の手足となりながら、自分の貴重な青春時代を、1時間800円とかで安売りしている。いい社会経験だなんて言いながら、学生たちは皆バイトやインターンをしているが、嫌でも数年後には社会に出るのだ。登山やダイビングでもあるまいし、**社会に出るための社会経験など、本来必要がない**ものだ。

バイトやインターンをして何が一番もったいないかというと、「雇われ癖」がつくことだ。学生時代にバイトをすると、一番最初の「働く」という体験が、人に雇われることになってしまう。

僕は元々、若いうちに起業するのは良くないと考えていた。起業の相談をされる度に、「一定の社会人経験を積んで、自己資金を貯めてから起業したほうがいい」と答えていた。しかし、この半年くらいでだんだん意見が変わってきた。

一度、雇われてしまうことで「雇われ癖」がつくのだ。**「自分の知恵と度胸で金を稼ぐ」という本能的なモノが、一度バイトをすることで大きく削がれる**のである。

タバコと同じで、「雇われ癖」はすぐに「雇われ中毒」になる。そうなると、自分の時間を切り売りしてお金に換算することが当たり前になる。「あと1時間で今日の仕事は終わりかな」なんて一度でも考えたことのある人は「雇われ中毒」だ。こうなると、時間もお金も両方手に入れようという欲張りな発想ができなくなってしまうのである。

「時給800円や1000円のバイトをするくらいなら、親から金を借りて起業しろ」と言いたい。

人生の戦略は、お金と時間のリソースをどう分配するかで決まる。

例えば、730円払えばタクシーで5分で到達できるが、歩いてそこまで行こうとすれば、無料だけど30分かかる。これは、730円と25分の価値はどちらが高いかという話だ。人によって答えは変わってくると思う。どちらが大事かは人それぞれの答えがあってよい。

大事なのは、**お金と時間に対する自分の戦略をきちんと持っているか**ということだ。最初にバイトやインターンをやると、自分の時間をお金に換えるという間違った概念が刷り込まれてしまい、その考え方が頭に一度こびりついてしまうと、なかなか脱却することができなくなる。

そして、僕が提案する「サクッと起業してサクッと売却する」連続起業家脳から大きく遠ざかってしまう。

順序がそもそも逆なのだ。**社会に出たら、右も左もわからないまま、とにかく狩りにでも出たつもりで自由に走り回ってみればよい。**そこで、必要だと思ったことを順番に、自分のやり方で学んでいけばよい。

就職経験がいけないという話ではない。人生で一番最初の「働く」という経験が「雇われる」経験だと、「雇われ癖」がついてもったいないという話だ。

学生こそ、起業して会社を売却すればよい。

その後、就職をするにしても、会社を売却した株式譲渡契約書が最強のエントリーシートになる。

二十歳そこそこで起業し、学生のうちに1億円（例えばだが）でその会社を売るのだ。同年代の子たちはリクルートスーツを着て就職活動に勤しんでいるかもしれないが、会社を売って1億円を手に入れたあなたは、視野が広がっているだろう。自分でビジネスをしていたのだから、会社のことが全くわかっていない就活生とは違う。

すぐに次のビジネスを立ち上げてもいいし、就職してもいい。

卒業後、物価の高いニューヨークに留学してMBAを取得したっていい。学費と生活費で2000万〜3000万円はかかると思われるが、1億円あったら余裕で自費で留学できる。

売却した先の会社に幹部として就職するなんて最高だ。会社を売却したという実績はエントリーシートに書く格好の材料だ。

むしろ僕は言いたい。**最強の就活は起業して会社を売却すること**だと。

「そんなヤツいるわけないじゃないか」と思った人はいないだろうか。何事も「そんな事できっこない」という人は一定数いる。僕が15歳で起業したときもそうだ。「そんな年齢で起業した人なんてみたことないよ」という大人は多かった。

でも、たいていの場合、存在するのだ。僕が起業した当時、僕より若くして起業している人は多数存在した。

みんな、自分ができそうにないことをみつけると、そんな人いるわけないとか、できっこないと勝手に決めつけて諦めてしまう。でも、世の中に知られていないだけで、実は存在するものは多い。

とりあえず、その証明に、僕の知り合いを一人紹介する。留田紫雲さんだ。

留田紫雲さんは「VSbias」という会社を経営している。ただでさえ名前も読みにくいが、会社名も読みづらい。名前はとめだしゅんと読み、会社名はブイエスバイアスと読む。

ブイエスバイアスは2015年11月、当時、関西学院大学4年生だった留田紫雲氏が創業した学生ベンチャーである。

「テクノロジーを用いた〝空間価値の最大化〟」をビジョンに、複数の民泊予約仲介サイトの物件管理業務を一元化するウェブサービスなどを展開している。

２０１６年7月、株式会社メタップスに事業を売却、創業からわずか8カ月でのM&Aエグジットとなった。

メタップス側からは、民泊事業における実績、「市場・環境を高精度で分析し、最善の選択ができる」留田氏自身が評価され、現在も社長としてブイエスバイアスの経営に従事している。

留田氏は起業した後も、他の学生と同じように就職活動も体験してみるなど好奇心旺盛な人物だ。そうした経験も踏まえた上で、あえて起業を選択している。

メタップス側からの評価理由からもわかるように、この事例は成長性のある事業の買収のみならず、留田氏を採用する意味合いが強い。**M&Aの目的は、事業を買収して競合優位性を獲得するだけではない。優れた人材の採用にも一役買っている**のだ。

新卒一人の採用コストは約１００万円だ。はっきりいって法外に高い。そのため、うちでは絶対に新卒採用はしない。

ポテンシャルが未知数で、レベルにばらつきもある新卒を百人採用しても、かかるコストは1億円、若く優れた起業家一人を見込みのある事業ごと買収しても1億円だとしたら、後者を採りたくなる。少なくとも僕だったら、コストばっかりかかる新卒100人よりも絶対にそっちのほうがよい。

「お金」か「時間」か？

お金と時間について、多くの人たちが勘違いしているようだ。

すぐにお金と時間を交換したがる。先ほども話した通り、「雇われ」体験に酔って、時間を売って金にするという「洗脳」をされてしまうからだ。

そのため、「お金よりも時間の方が大切」とか「自分の時間は無料」とか、そんな話をしたがる。

お金と時間は交換できるものではあるが、交換だけしていても何も産み出さない。**お金も時間も、両方作り出すものなのだ。**

お金が大事か、時間が大事かという質問は、そもそも質問の設定が間違っている。ゴミ箱に何を入れてもゴミになってしまうように、質問が間違っているとどんなに考え抜いても正しい答えは手に入らない。

あなたが設定しなければいけない問いは、「お金も時間も両方手に入れるにはどうしたらよいだろうか」だ。

実は、この話をしたいのは学生だけではない。むしろ、バイトやインターンをこなしながら大人になっていった、すべての世代の皆さんにも言いたい。

あなたたちも、時間の切り売りをしてしまっていませんか？

サラリーマンとして会社から給料をもらっているからダメだとか、自営業者だから大丈夫だとか、そういう話をしているのではない。

サラリーマンでも面白い働き方をしている人はいる。例えば、幻冬舎の箕輪さんだ。箕輪さんは、本業は幻冬舎のサラリーマンにもかかわらず、自由に自分のやりたい事業をしている。NewsPicksアカデミアを立ち上げるかと思えば、箕輪編集室なんていうオンラインサロンもやり、副業もガンガンしている。とにかく自由だ。言ってみれば「サラリーマン起業家」である（最近、本当に会社も作った）。

箕輪さんのすごいところは、社長の見城徹さんから「お前はどこから給料をもらっているんだ！」とつっこまれても、「外から幻冬舎の給料の3～4倍はもらってます」と堂々と切り返すところだ。「会社で〝価値〟を稼いで、外で回収してる」とご本人は言い切る。そして、そういう社員が増えたほうが「会社の価値が上がる」とも。

こういうスーパーサラリーマンは、時間の切り売りなど絶対にしない。

逆に、自営業者でも時間の切り売りをしてしまっている人は多い。起業したからといって、みんながみんな時間の切り売りをしてないわけではもちろんない。打合せに追われ、取引先の顔色ばかりうかがう。いわゆる「代表取り締まられ役」ではダメなのだ。

ガムシャラに働くのが悪いと言っているのではない。「自分の時間を使って役員報酬をもらう」という感覚がダメなのだ。起業家は、自分の価値を高め、自分の会社の価値を上げることにフォーカスするべきだ。

本書は、ある意味で働き方改革の本だ。就職しているとか、自営業者だとか、学生とか、そんなことは関係なく、自分の時間をお金に換えるとか、お金を時間に換えるとか、あっちを立てればこっちが立たないみたいな発想から脱却するための、根本的な働き方改革をしようという提案だ。

お金も時間も確保する。そのための指標として、29歳までに1億円という目標を立ててみた。実際のところ、あなたが30代だろうが40代だろうが50代だろうが、そんなことはどうでもよく、**お金も時間も両方手に入れるための戦略をきちんと考えよう**ということである。

そして、その戦略は、**連続起業家**という生き方にある。

起業家などという職業はない

ところで、僕は「起業家」という言葉に少し違和感を持っている。便宜上、自分も起業家という言葉を使っているし、本書でも起業家という言葉は使わせていただくが、**「起業家」という職業は厳密に言えば存在しない**。そもそも、起業家という「肩書き」が流行り始めたのも、割と近年のことだと思う。

例えば、耳鼻科医と内科医がいたとして、どこかでばったり会って「あ、同業ですね」と言っているのは想像がつくが、飲食店の社長とIT企業の社長を同じ起業家という職業でひとくくりにしてしまうのは、いささか乱暴な気がする。

豆腐屋のおやじとソフトバンクの孫さんが「同じく1丁（兆）2丁（兆）と数える起業家同士ですね」なんてしゃべっていたらもはやギャグだ。

一昔前の、いわゆる昭和の時代は、日本人のほとんどが自営業者であった。

そのため、起業したところで「ふーん」くらいの感じだった（はずだ）。となりの鈴木さん家が八百屋を始めようが、豆腐屋をやっていようが、何もすごい話ではないだろう（当時のことはよくわからないが、教師になったとかのほうが、「すげぇ！」ってなったんじゃないだろうか）。

しかし、今はサラリーマンが増えた。三世代サラリーマンなんてのは、まさに今どきではなかろうか。しかも、今は奥さんも共働きなんて家も増えているため、三世代のうち5人がサラリーマンやOLなんて家も珍しくもなんともない。

こんな時代だからこそ、「起業家」なんて言葉が使われるようになったのであろう。

起業する人が相対的に少なくなったから、珍しくてスゴイって感じになってきたのだ。八百屋とか、電器屋とか、洋服屋は存在するが、起業家というのはちょっと違う。

「起業家」という言葉がピンとこないとするならば、何ならピンとくるのか？

「起業は手段である」ということだ。

もう一度言う。起業とは「手段」なのだ。それを「起業家」という枠組みに当てはめようとするから、「起業家」はこうあるべきだというフレームワークができてしまい、手段としての起業を見失ってしまう。

起業とは、自己実現のための手段である。そのため、起業するときはこうあるべきだとか、どうあるべきだとか、そんなことは本来考える必要のないものである。

僕自身、最初の起業の理由は、単純にお金が欲しかったからだ。これを言うと批判を浴びることもあるが、**「お金が欲しくて起業して何が悪い」**って今でも僕は思っている。

他に誰もやる人がいないから、自分で業を起こすのが起業だ。

世の中に使いたいサービスがまだ存在しないから、自分でサービスを作り上げるのも起業。

誰も雇ってくれないから、自分で働く場を作るために業を起こすことだって起業。

誰も自分を金持ちにしてくれないから、自分で自分を金持ちにすることだって起業。

仲間内でわいわいしながら仕事したいからという理由で、みんなで仕事をする場を作ることだって起業は起業だ。

要は**「意識高い系の起業」である必要なんてない**ということだ。

「意識低い系の起業」、上等である。

僕の知り合いに、自分の子供が障害を持っている人がいた。この方は、残念なことに昨年癌でお亡くなりになってしまった。その人は、障害を持っていて就職することができない息子のために、当時働いていた会社を辞め、一緒に仕事をするために起業した。

これは、いわゆる「意識高い系の起業」ではない。サービスの革新や、テクノロジードリブンな要素は存在しない。しかし、「美しい起業」であると僕は感じた。

本来あるべき起業とは、このようなことを言うのではないかと思う。そこに**崇高な理念はいらない。自分とその周辺が幸せになるための起業でじゅうぶんだ。**

何度も言うが、自分のやりたいことを実現するための手段が起業なのであって、起業というものを難しく、あるいは神聖なものとして捉える必要はない。**起業とは、自分が思い描く**

世界と現実の世界との間に橋を架ける作業のことを言う。それ以上でも以下でもない。なんかやりたいことがあって、それが今ある社会のインフラを使って解決できなかったり、面倒な手順を踏むなぁと思ったりしたら、それだけで起業したらよいのだ。それが低俗なモノであろうと、自己中心的なモノであろうと、何でもよい。

人に迷惑がかかるようなものだったり、意味がないと思われたりするものであったならば、自分が辞めなくとも、儲けることができず、世間が無理やりにでも辞めさせてくれる。

起業とは、もっと自分勝手であるべきなのだ。

崇高な理念は後からついてくる

起業について僕がもっと言いたいのが、崇高な理念は後からついてくるということだ。

初めて起業して「この業界の非合理性を解消したい」とか「世の中を変革したい」といった青くさい起業家の発言をネット記事などでよく見かけるが、僕はそういう発言を一切信用していない。「初めて起業したのにその業界の何がわかるんだ?」「世の中を変革したいって、そもそもあなたは世の中をわかっているのか？」……なんてひねくれたことを思ってしまう。

例えば、子どもがおもちゃを欲しがるとする。欲しい欲しいと駄々をこねる。そして、そのおもちゃを買ってもらうものの、数日たつとそのおもちゃに飽きてしまい、次のおもちゃを欲しがっている。

もちろん、その子どもは本当にそのおもちゃが欲しかったのだろう。その場では心の底からそう思っているから駄々をこね、泣き叫んで自己主張したのだ。

おもちゃを欲しいという気持ちには嘘偽りはないのだが、一生そのおもちゃを大事にするかというと、そんなことはない。

初めて起業する起業家の理念も、そんなもんだと思う。**そもそも社会に出たことがないのに、社会に対して問題提起ができるわけもなければ、課題を発見できるわけもない。**

崇高な経営理念を思いついたから起業するなんて話は、薄っぺらい。

経営理念やミッションは、起業して、幾度もの経営の危機を乗り越えながら作り上げ、練り上げることによって出来上がっていくものだ。

僕自身、「意識低い系の起業」の極みだった。僕のことを知らない人のために説明しておくと、僕は15歳で起業した。

僕の家はごく平凡なサラリーマン家庭である。父親は会社勤め、母親は専業主婦で、とくに裕福だったわけではない。

僕は親の希望で、経営者や医者の子息が通う名古屋の中高一貫校に通っていた。そこで友人たちとの「経済格差」に愕然としたのが起業のきっかけだ。

洋服一つ買うにしても、どこかへ遊びに行くにしても、友人たちと僕とではお金の使い方がまるで違った。なかには親からクレジットカードを持たされている友人までいた。

持ち物も違った。ふだんの服装は制服だが、シャツやベルトはみんな好きなものを身につけていた。僕の友人たちはグッチのベルトをしていたり、バーバリーのシャツを着ていたりした。通学用のカバンがエルメスやプラダというのも珍しくはなかった。もちろん、僕はユニクロ一直線だ。

彼らの持ち物は高級ブランド品ばかりだったため、そんな環境に囲まれて、僕もおのずと高級ブランドに興味を持ち始めた。

「僕もお金持ちになりたい」

その一心で起業した。

なので、当時、僕に明確な経営理念やミッションがあったわけではない。経営者を親に持つ友人を見て、「お金持ちになるなら、会社を経営しなきゃ」と感じたから、会社を作った。小遣いを増やしたい同級生のなかにはパチンコやスロットをする人もいたが、僕は会社経営をすることを選んだというだけの話だ。

その後は、作った会社をなんとか回していこうとがむしゃらに働いた。損失を出したこともあるし、詐欺師にだまされたこともある。失敗を数え上げたらキリがない。

会社のことに一生懸命で、学校の勉強はおろそかになっていた。

ただし、起業はおもしろかった。

うまくいかないこともあったが、知恵を絞ればその分、成果がお金となって返ってくることだってあった。月に数千万円単位の売上をコンスタントに上げられるようにもなった。だから、大学進学よりも働くことを優先した。

こんな風に進んでいったのが僕の起業人生だ。

ここには、**世界を変革するような崇高な理念はないかもしれないが、「生き残るのだ！」という強い情熱だけはしっかりと存在した。**

起業するのに崇高な理念はいらない。それよりも、自分が起業によって何を得て、何を実現させたいのか、そういう自分の気持ちや欲望としっかり向き合うことの方が大事だ。

その気持ちや欲望は、「お金を儲けたいから」「起業家って格好いいと思うから」「この事業をやってみたいから」といったことでよい。

プロ野球選手になりたいという子どもに「なぜサッカーでもボクシングでもなく、野球なのか」と問い詰める人はいないではないか。「イチローが格好いいから」。それでいいのだ。

お金というと、拝金主義的な思想を感じ、嫌悪感を抱く人は多い。しかし、お金はあなたの人生の選択肢を広げてくれる、便利な手段なのだ。

人はもっとお金のために起業してもよい。起業の理由を問い詰めるような空気が薄れれば、起業して会社を売る文化も広がるかもしれない。

「連続起業家」という存在

ここまでの話をまとめると、**お金と時間の両方を手に入れるには、起業して会社を売却するという戦略が最も近道である**ということだ。

起業して会社を売却するというスキルを身につけることができれば、もっともっと自由に生きることが可能になる。

そして、このような人のことを「連続起業家」（シリアルアントレプレナー）と呼ぶ。

仮にあなたが起業して、その会社を売って29歳で1億円を手に入れ、旅に出たとする。その旅から帰ってきて、再び起業をする人は意外に多い。僕の知り合いは、引退するといって60歳で会社を売却した翌月、再び起業していた。

起業は自転車に乗るのに似ている。一度乗れるようになったら、乗り方は忘れない。**起業して売却するという手段を一度覚えたら、繰り返しやろうとする人は多い。**

僕はたいして名の知れた連続起業家ではないが、著名な方だと、メルカリの山田進太郎さんやキャンプファイヤーの家入一真さん、バンクの光本勇介さんがいる。

3人とも、会社を売却した後、また新しい会社を立ち上げている。そして、**二度目に立ち上げた会社の方が、最初に立ち上げた会社よりも大きくなっている。**

彼ら以外にも、実はたくさんの連続起業家が存在している。僕自身、この連続起業家という存在をもっともっと世に広めていき、連続起業家を増やしたいと考えているため、本書の執筆に合わせて知り合いの連続起業家たちに協力を仰ぎ、ウェブ上で「連続起業家対談」を公開している。関心のある方はぜひ見てみてほしい（https://note.mu/keimasada）。

連続起業家たちは、自己実現の手段として、起業が最もシンプルかつ有効な方法だということを理解し、体感もしているため再起業するわけだが、他にも知られざる理由がある。

実は、**起業は「数を重ねるごとに有利になっていくゲーム」**なのだ。

若い人でも、一度会社経営に成功した人は、再起業する。初めて起業するときよりも、2回目の起業のほうが、ダントツで有利に進められる。

起業は「強くてニューゲーム」でプレイしろ

若い人なら「強くてニューゲーム」という言葉を知っているだろう。「クロノ・トリガー」を代表とするロールプレイングゲームでは、いったんゲームをクリアしたら、クリア時点でのレベルやアイテムを引き継いで新しいゲームで遊ぶことができる。この仕組みを「強くてニューゲーム」という。

通常なら、レベルも一番下の、アイテムもロクに持っていないまっさらな状態からゲームをスタートしなければならないが、「強くてニューゲーム」はそうではない。

強い状態を維持したまま、新しいゲームを始められるのだ。強いレベルで、ステージを容易にクリアすることができるため、ゲームが格段にやりやすくなり、もっと高いレベルのステージに挑戦しやすくなる。

会社経営もこれと同じだ。

2度目の起業ともなれば、付き合いが長く、能力も気心も知れた人材でチームをつくることが最初のときよりも容易だ。1度目の起業の際に付き合いのあった会社の人がジョインしてくれる可能性だってある。

信頼関係もそこそこできあがっているため、相手の腹を探る必要もないし、安心して仕事を任せることができる。

僕が現在経営している会社は、2017年11月現在、新体制となって10カ月めだ。僕の会社の役員は、ほとんどが2017年3月に就任している。

ところが、出会って間もない人ばかりかというと、そんなことは全然ない。ほとんどのメンバーは僕と5~10年近く付き合いのある人間だ。

以前、僕が経営していた会社にいて、その後、回り回ってまた入ってくれた人もいる。何が得意かも知っているから、仕事がしやすい。以前の取引先の人もいれば、仕事には発展しなかったものの、やり取りだけは続けていた人もいる。

相手も僕がどんな人間か、僕の経営する会社で求められるものは何なのか、をわかって入ってきている。「こんなはずじゃなかった」とすぐに辞められて、またメンバーを探すという時間の無駄もない。

これはお互いにとってとてもハッピーな関係だ。

人材だけでなく、取引先や外注にしても同じことがいえる。

以前経営していた会社の時代から付き合いのある取引先なら、そのときに構築した関係性は消えずに残る。

自分の会社は、M&Aで売ってしまえばハードもソフトも買い手側に行ってしまうが、関係性はそうではない。

取引先も「この人は前の会社を経営している間、毎月きちんと延滞することなく支払いをしてくれた」と覚えている。そのため、再度起業しても、信頼関係が残っているからさほど警戒することなく、新たに取引を始めてくれるだろう。

こうした信頼関係を一から構築するのと、ある程度構築されたところから始めるのとでは、事業立ち上げのスピード感が全く違ってくる。

とくに取引先の場合、ある程度こちらの会社の認知度が上がらないと、取引の入口にさえ立たせてもらえない。

それほどビジネスにおける信頼関係は大事なのだ。

外注先も同じだ。会社のホームページを作るウェブの制作会社、会社案内を作る印刷会社も、一から探すととんでもない時間がかかる。「ここがいい仕事をしてくれた」とわかっていれば、業者探しから始めるロスタイムもなくなる。

税理士や会計士、弁護士などの士業についても同じことがいえる。彼らとはとくにM&Aを経て関係性が急速に密接になることが多い。


要は、たとえ事業内容は変わっても、経営者当人に対する情報や関係性は蓄積され、残っていくということだ。とくに信頼関係は、会社を売っても消えるものではない。自分の経験値もどんどん上がっていく。この点を最大限に活用できるのが連続起業家の強みだ。

会社売却で「目立つ色の付箋」が貼られる

会社を売却すると、急に「フォロワー」のような人が増えることになる。

僕は相手のことを知らないのに、「正田さんのこと、聞いていますよ」「こういうエグジットを経験されましたよね」などと言われる。仕事の打ち合わせでも過去の経験や経緯をいちいち説明する必要がなくなり、話がスムーズに進む場面が増えた。

著名な起業家を見ても、**成功（売却）経験のある人に対しては社会が大きな期待を寄せているる**ことがよくわかる。

まだ何もしていないのに、「次はこういうことをやろうと思います」と表明するだけで取材が来たり、情報が拡散されたり、ベンチャーキャピタル（ＶＣ）が出資を申し出てきたりする。**自然と人が寄ってくる**のだ。

このように自分の認知度が上がることは、ベンチャー企業にとっては得がたい、大きなアドバンテージになる。

情報過多の現代では、ベンチャー企業がプレスリリースを出してもすぐに他の情報に埋もれてしまうし、ツイッターやフェイスブックで情報発信しても、あっという間にかき消されてしまう。

しかし、**M&Aエグジット経験があると、膨大な紙の束の中に一つ、「目立つ色の付箋」**

が貼りつけられたような状態になる。つまり、人目につきやすくなるのだ。

最初に立ち上げた会社に固執せず、一度売るという体験をしてみよう。会社は結婚とは違う。一度立ち上げた会社と一生を添い遂げなければならないわけではないのだ。

起業と売却を繰り返せば経験値は上がり、社会的評価も上がる。ちょっと情報発信するだけで周りが気にしてくれるようになる。シリアルアントレプレナーは得なことばかりである。再度起業するにしても就職するにしても、会社を売却した経験は、あなたの経歴を彩る実績になるはずだ。

会社経営の「おいしい部分」を何度も味わう

起業と売却を何回か繰り返すと、会社経営の「おいしい部分」を何度も味わえる。

会社も人の一生と同じで、誕生（創業）から成長、衰退までのライフサイクルがある。会社を売却するときは、成長期のどこかで売ることになる。成長曲線に入っているタイミングで売ったほうが大きな利益を見込めるからだ。

日々の会社経営は、案外地味な業務が多い。ところが会社を売却するとなると、弁護士、税理士の協力も得ながら会社全体で準備に追われ、一種の「狂騒状態」が生まれる。ふだんの地味な毎日と比べれば、まるで「お祭り騒ぎ」である。

そんなお祭り騒ぎの結果、ついに会社が売却される。大金が手に入る。そのお金を使ってしばらく休み、またおもしろいビジネスを立ち上げる。うまくいけば、また売却することができるかもしれない。

このように連続起業をすると、**会社を立ち上げて新規事業を伸ばし、価値を最大化したところで売るという、会社経営という仕事のもっともおいしい、エキサイティングな部分を何度も体験できる**のだ。

10年間で1つの会社しか経営しなかった人と、3つの会社を立ち上げて3回売却した人、どちらのほうがより人生の経験値が高まるだろうか?

僕は、間違いなく後者であると断言する。

例えば、飲食店を20年経営し続けた人がいたとする。1つの店を立ち上げて20年存続させるのは、並大抵の努力でできるものではない。

ただし、一店舗で学べることは限られると思う。初めての起業なら、最初の3年で得る学びは相当大きいはずだ。5年目までも、何かしら学ぶことがあると思う。しかし、最初の5年間とその後の15年間を比べると、後の15年間における全く新しい学びはどうしても少なくなってくるのは仕方のないことだ。

ある程度事業を成長させられたら、どこかのタイミングで売って、少し違った領域で、あるいは全く別の業種で会社を始めてみよう。すると、また**違った人生を送ることができる**はずだ。

人生の「濃さ」というものは確実に存在する。自分の人生を振り返ってみても、濃い時間、薄い時間があったと思う。はっきり言って、起業して数年間は、誰もが「濃い」時間を過ごすことになる。

『100万回生きたねこ』という絵本がある。知っている人も多いと思うが、一匹の猫が輪廻転生を繰り返していく様を描いたものだ。ある時は王様の猫、ある時は船乗りの猫、ある時は泥棒の猫、ある時はサーカスの猫となる主人公は、数々の経験を積み、猫界で人気者となった。そして、100万回目の輪廻転生を経て最も満足できる人生を過ごした後、二度と生き返ることはなかったという話だ。

二度と生き返らなくてもよいと思える人生を過ごすためにも、濃い人生を過ごそう。

会社を売却すると寿命が延びる？

ファイナンス的に説明すると、会社を売るという行為は、5年後、10年後にしか手に入らないはずの利益を、今、まとめてもらうことである。

会社の値段は、会社が将来稼ぎ出すキャッシュフローで決まる。

厳密に言えば、現在その会社がどれくらいの利益を生み出しているのかを算出し、それを基に、将来どの程度の利益を生み出すかを予測する。

その上で、それを現在価値に換算するやり方だ。細かい話は拙著『ビジネスの世界で戦うのならファイナンスから始めなさい。』と『ファイナンスこそが最強の意思決定術である』（いずれもCCCメディアハウス刊）を読んでいただきたい。

会社の値段はＤＣＦ（ディスカウントキャッシュフロー）法という計算の仕方で求めるのが一般的だが、ここら辺を解説している本は数多く存在するので、もちろん僕の本で勉強していただければうれしいが、この話だけなら世の中のたいていの本で事足りるから読んでみてほしい。

簡単に言うと、タイムマシンに乗って、未来の利益をもらってくるイメージを思い描いてもらえればいい。

つまり、**会社を売却すると、未来の利益も含めて会社の価値を算出し、買い取ってもらえることになる**のだ。将来生み出されるはずの利益を先に手に入れるのは、時間を先取りすることと同義だと言えるのではないだろうか。

将来の利益を数年分先取りするということは、会社を売れば寿命が数年延びるということと同義である。

これが、僕が会社売却を進める最大の理由だ。**会社売却は未来の利益を先取りするため、お金も時間も一度に手に入れることができる**のだ。

僕は、自分の会社を売却するたびに、こうした経営のもっともエキサイティングな部分を味わい、時間を先取りしてきたことになる。

今、僕は31歳だが、まるで人生を何度も生き直しているような気がしている。人生の密度は、同じ会社に勤め続けている同年代の人よりずっと濃いと思っている。

どうせ起業するのなら、1回といわず、2回、3回と会社を作って売っていくほうがずっと楽しい。

売却する回数、起業の回数が増えるにつれて、自分のやりたいことが実現しやすくなり、実現の精度も規模も上がる。

信頼して任せられるメンバーには事欠かない。取引先もある。間違いのない仕事をしてくれる外注先も知っている。そうなると、事業を伸ばす本質的な部分にリソースを集中投下できるようになる。いろいろな意味で「楽ができる」のだ。

この「楽ができる」感覚は、口で説明してもなかなかわかるものではないかもしれない。しかし、会社を何度も売却してきた僕は、この点を身にしみて感じている。

会社経営は「強くてニューゲーム」に限る。

〔第2章〕

会社売却で人生の選択肢は無限に増える

自分の意志で働くということ

さて、あなたが29歳で1億円持っていたとする。あなたは明日からどうするだろう？　今の仕事を続ける？　辞めて別のことをする？

1億円のイメージが湧かない人は、こういう質問でもよい。

「もし、あなたの口座に毎月１００万円が生涯振り込まれ続けるとしたら、あなたは今の仕事を続けますか？」

「そんなわけないだろ。今の仕事なんてすぐに辞めるよ」という人は、自分の意志で働いていないということだ。

しかし、今の仕事を続けるという人も一定数存在するだろう。「自分は今の仕事にやりがいを感じているから、今の仕事を続けます」と。そういう人には、あえてもう少し踏みこんだ質問をしてみよう。

「それって本当だろうか？」

かなり意地悪な質問かもしれないが、**もし、あなたが29歳までの間に1億円の、使ってよ**

いキャッシュを持ったことがないのだったら、その答えは真実かどうかかなり怪しい。

この場合の1億円は、借りたお金でもなく、調達したお金でもなく、ビルの屋上からばらまいても誰からも文句を言われないお金のことだ。

実際にその状況になってみないと、どんな行動をとるかなんてわからない。

自分では「こいつとは絶対付き合わない」なんて思っていても、いざ告白されたらまんざらでもない感じがして付き合ってしまうとか、「ここは滑り止めの学校だから試験に受かっても行かない」なんて思っていても、結局そこしか受からずにその学校に進学するなんてこと、人生には多いのではなかろうか。

心理学的には「自己肯定バイアス」というようだが、自己肯定バイアスがかかっているかどうかの証明は、実際その状況になってみないとわからない。

今の仕事は、単なる後付けでやりがいを感じているだけではないのか？

今、**明確に自分の意志で働いている人が少ない**と感じる。自由と言いながらも、世の中が決めた型の中にしっかりとはまってしまっている人が多いのではないか。

例えば、「常に働かなければいけない」という意識を皆が持っているのも、型にはまっているなぁと思う。

学校を卒業したら、どこかの会社に入るのが当たり前。もちろん働かずに楽して暮らせたらこんなにいいことはないが、そういうわけにいかないのが現実だと思っている。

確かに、生きているとお金がかかる。働かなければ食うにも困る。税金だって年金だって払わなければならない。

あなたの周りで、意図的に「働かない」ことを選択した人の話なんて、ほとんど聞かないだろう。

ゆったりしたライフスタイルを実現するために、地方に引っ越して家賃や人件費などの固定費を下げ、人との打ち合わせなどのコミュニケーションコストを減らすという人は、最近少しずつ増えているようだ。

だが、**仕事をするかしないかまでの究極論にはなかなかならない**のが現実だ。

「いい大人が職にも就かず、フラフラして。働かないなんてありえない」

これが一般概念であり、それは都会でも地方でも違わない。

日本では学校を出たら間髪容れずに就職し、同じ会社で定年まで勤め上げることが当然だと思われている。

働くか働かないかを自分の意志で決めている人、働かされる要素が一切なく自分の意志で働いている人は限りなく少ない。

「熱中できることを探せ」のウソ

働くか働かないかという話題は最近多い。少し前には「ワークライフバランス」という言葉が流行っていた。本来、仕事や労働は賃金を得るための生活の糧であるはずなのに、仕事のために私生活を犠牲にしてしまうのはおかしいという意見だ。

最近では「クオリティオブライフ」という考え方が流行っている気がする。「遊びを仕事にする」とか「好きなことを仕事にする」という考え方がそれだ。

ただ漫然と人生を過ごすのではなく、自分が素直に「好き」と思えることを追求していく。それが結果として質の高い生活につながるということだ。「好きと思えることなら稼げなくてもよい。仕事に夢中になりすぎて時間を忘れてしまうくらい熱中したい」。つまり、公私混同こそがあるべき姿だという理屈である。

水を差すようで申し訳ないが、僕はこの「好きなことを仕事にする」という考え方があまり好きではない。

好きなことを見つけて仕事にするのは、もちろん良いことだ。もちろん素晴らしい。これを否定する気はさらさらない。

ただ、**自分の人生の大部分を賭けてもよいと思えるほど「好き」と言えるものがある人は、この世にどのくらいいるのだろうか。**

悪いが、僕にはそんなものはない。

例えば、僕は格闘技が好きだ。試合を見るのも好きだし、実際に体を動かすのも好きだ。おいしいものを食べることだって好きだ。コーヒーも好きだ。

だが、人より特別これらのことをうまくこなせるとは思えないし、自分よりもこれらを好きな人は数多くいると思う。

だから、これらを仕事にして、自分の一生を賭けようなんて思わない。僕が今の仕事を辞めて、格闘技ジムと飲食店と喫茶店を経営したら、とっくに潰れている。

僕は趣味の延長線上で、現役UFCファイターである中村K太郎についてセコンドに入ることがある（セコンドらしい働きはたいしてできていないが、試合前の話し相手くらいにはなっていると思う）。

試合会場が海外なら海外にも行く。2017年9月の日本大会もさいたまスーパーアリーナでセコンド入りした。だからといって、これを自分もやってみようとか、自分もプロになりたいとかは思わない。

趣味だから楽しいのだ。趣味レベルのものとプロの世界は違う。僕が「格闘技が好きなんですよ」なんて言って本格的なトレーニングをしようと思ったら、これまで許されていたことが許されなくなる。

「体が痛いから今日休むわ」なんて許されない。今はお客さんとして通っているからケガをさせられることなんて偶然以外まずない。それがプロを目指すとなれば、投げ飛ばされてケガだってするだろうし、挫折を感じることだって多くなる。稼ぎも減る。それで、まだ格闘技が好きでいられるだろうか？

絶対に嫌いになる。

遊びだから楽しくできる。仕事だからきちんとできる。そういうことは多い。そもそも、好きなことが得意なことだとは限らない。

また、好きなものというのは「後付け」な要素もある。人よりうまくいくから面白くて好きになるのだ。

少年が、ある日突然サッカーが好きになり、その気持ちをずーっと忘れることなく偉大なサッカー選手に成長するのではないのだ。

ふとしたことからサッカーをやってみたらたまたまその子は人よりも少し足が速くてレギュラーに選ばれた。もしかしたら、その子は特別足が速いわけではなく、たまたま4月生まれで同じ学年の子供よりも成長が速いだけだったのかもしれない。

しかしレギュラーに選ばれたことがうれしくて、その結果練習も楽しくなり、サッカーが上達した。

すると、ふとしたきっかけで上級生のチームに交じって練習させてもらえる機会があった。たまたま上級生メンバーの一人が風邪を引いたとか、ケガをしたとか、そんな理由だったかもしれない。

しかし、そのおかげで上級生たちの技術を学び、そのことでますます上達、練習にもさらに熱が入るようになった。
しまいには、その少年は自分でサッカー雑誌を読みあさり、サッカーの試合を分析するようになり、国体の選手に選ばれるまでに成長し、プロになった……。
そういうのがよくあるストーリーではないのだろうか。

これは、もともとその子がサッカーが好きで仕事にしたという単純な話ではない。**少しずつ、うまくいくから好きになっていった**のだ。ある日突然、「実はこれが好きだったんです。今日から自分はこれを仕事にしていきます」なんてことにはならない。うまくいくことじゃないと、人はなかなか好きになんてならない。

「好き」という感情は意外と弱い。「好き」だけでは、その後おとずれる様々な試練に太刀打ちできないのだ。

好きだからという理由よりも、幼少期に親に無理やりやらされたからというパターンのほうが、圧倒的に習熟度が高かったりもする。
やらないと晩飯抜きになるから、親に叩かれるからとか、そういう方がプロとして生きていく術が身に付きやすいというのは、良し悪しの問題ではなく、事実だ。そんななかで人よりもうまくできるようになっていき、だんだんと好きという感情も芽生えてくるのだ。

楽しいことだけ経験して好きになっても、プロとしてやっていけるわけがない。

「好きを仕事にする」なんて、自己肯定バイアスのたまものだ。

そもそも、運命の仕事とか運命の相手なんていうのもおかしな考え方だ。60億人いる人間の中からたまたまベストの相手が見つかった。53万以上ある仕事の中から最も自分に適している職業が見つかった。こんなことは確率論上、起こり得ない。

自己肯定バイアスをかけて、自分にはベストな選択肢が見つかった、自分はベストの人生を送れていると思い込んでいるだけだ。そんな人たちを見て、「自分も運命の仕事を探そう」「何か自分が熱中できることが見つかればいいなぁ」なんて思ってさまよっていても、それこそ時間の無駄だ。

まず動く。そして、小さくてもよいから成功体験を積むのだ。それを繰り返し行い、たまに時間をとって、ふと俯瞰的に見つめなおすのだ。「ふと」というのは1カ月とか2カ月のことではない。少なくとも1年。体感的には3年とか5年おきの話だ。

熱中できることが見つかったからガムシャラに動けるのではない。ガムシャラに動いていたら、そのうち自己肯定バイアスがかかり、熱中できるのだ。

人生に「踊り場」を作る

人生にはサイクルというものがある。ガムシャラに働く「動」の状態と、しっかり充電するための「静」の状態だ。

では、どうしたらこの「動」と「静」の状態を使い分けることができるのか?

それは、**人生の節目節目で「踊り場」を作ることだ。**

ある意味、大学生という期間は一種の踊り場になっているのかもしれない(自分は大学に行っていないからよくわからないが)。これまで右も左もわからず、半分くらいは親の意見に流されながら生きてきたのが、親の目からも少し離れ、受験に追われることもなく、自分を見つめなおす時間が取れる期間(なのじゃないかなと思う)。

「踊り場」とは、お金も時間もある状態のことだ。

そういう状態のときに、初めてまともな意思決定ができる。

「貧すれば鈍する」なんて、非常に的を射た言葉だと思う。

お金も時間もない時に、良い意思決定なんてできないのだ。

今、お金も時間も気にしなくてよい状態になったら、あなたは何をする？

心身の疲れを癒すために旅行へ出てもいいし、今まで我慢していた趣味にめいっぱい時間を充ててもいい。

サラリーマンとしてどこかの会社に勤め直すのも自由だし、奥さんとカフェを始めてもいい。家を買うのも自由だ。

家でのんびりしていても会社やクライアントから呼び出されることはないし、誰に気兼ねする必要もない。もちろん、次のビジネスの構想をじっくり練ることもできる。


この自由な感覚を、ぜひ多くの人に体験してほしい。そして、自分としっかり見つめ合う時間を取り、次にやることを自分の意志で決めてほしい。

そう思うから、僕は周りに、会社を作って売却することを勧めている。

自分が働くか働かないかを自分で意思決定するならば、長い人生のうち「働かない」という選択肢を選ぶ時期があってよいのだ。

僕はこれまで、働くか働かないかを自分で意思決定すべきだとは言ったが、「働かない」イコール「遊んでフラフラしろ」と言っているわけではない（もちろん、遊んでフラフラしてたっていいわけだが）。

働かない期間にはいろいろなことができる。遊ぶこともできるし、留学してスキルアップを図ることもできる。時間とお金がなくて諦めていたことにチャレンジするのも自由だ。その中で自分の可能性ややりたいことが見つかったら、次に始動するときは方向転換すればいい。**働かない期間を、自分の理想に近づくための準備期間ととらえる**のだ。

だから、働かない「踊り場」の期間を、みんなもっと作るべきである。

だからこその提案だ。

「29歳までに1億円作って、自問自答する時間を持て」

実際のところ、大学生だと若すぎる。経験があまりにも少ないから、そこでの時間を有意義に使えない。かといって、60歳とか65歳では、少し遅い。できれば30、40、50の節目節目で踊り場を作りたい。

ある人が「30代こそバックパッカーをやれ」と言っていた。自分は絶対やらないが、30代にこそ自分を見つめなおす時間を取るべきだという趣旨の話で、それには激しく同感する。

会社を売って旅に出よう

サクッと起業して、サクッと売却した後は、世界一周の旅に出るのも自由だ。

思う存分、自由な時間を満喫していると、そのうちにまたやりたいことが見つかるものだ。

僕自身、会社を売った後、海外旅行をすることが多い。香港、マカオ、ロサンゼルス、ニューヨーク、ドバイは、仕事でもプライベートでも何度も訪れた。

海外へ行くとあらゆることから刺激を受ける。買い物一つ、食べ物一つとっても、何から何までもの珍しい。

当たり前だと思っていた日本での前提知識が全く異なり、ハッとさせられることも多い。

ドバイからアブダビへ行くときのことだ。僕は、車で砂漠を横断すると聞いていたから、酔い止め薬をしこたま日本から持って行った。僕は乗り物酔いしやすい。砂漠をガタンガタン揺られながら、ジープかなんかで何度も吐きそうになりながら横断すると思っていたため、アブダビへ行くのがすごく憂鬱だった。酔い止め薬を忘れていないかどうか、飛行機に乗るまでに10回は確認したほどだ。

ところが、酔い止め薬の出番はなかった。そもそもジープではなくタクシーで行けた。しかも、日本のタクシーよりよほどきれいで、道路もきちんと舗装されていて、1ミリも揺れることなどなかった。

また、ドバイのエルメスで買い物をしたときのことだ。僕は妻がエルメスで物を買ったとき、あのオレンジの袋ではなく、無地の黒い袋に入れてもらうようにしている。引ったくりに遭うのが嫌だからだ。

ドバイのエルメスで黒い袋に入れてくれと言ったら、オレンジしかないと言われた。僕はそのとき、やはりドバイでは日本のような気の利いたサービスは受けられないんだなと思い、嫌みの一つでも言ってやろうと考え、「日本だと必ず黒い袋も用意してくれているのに」と言った。

そう言った瞬間、ドバイのエルメスの店員に爆笑された。

「お客様、ここはドバイです。日本と違い、引ったくりなんていませんから安心してください」

「日本は本当に先進国なのか？」と疑問を抱いてしまうほど、ドバイのほうが日本よりも何倍も清潔感があり、治安もよいのだった。

海外を見ると視野が広がり、日本からだけの一方的なものの見方をしなくなる。今まで微塵も疑うことのなかった常識を疑い始める。

こうした体験は、間接的にその後のビジネスに役立っていると思う。

会社を売却した後、旅に出る起業家は多い。なかでも有名なのは、スマートフォンで簡単に出品・購入ができるフリマアプリで知られる株式会社メルカリの創業者、山田進太郎氏（同社代表取締役会長兼ＣＥＯ）だ。

山田氏は早稲田大学在学中に楽天株式会社にインターン入社した。楽天オークションの立ち上げに従事した後、大学卒業後に同社の内定を辞退し、株式会社ウノウを設立。ウノウで「映画生活」「フォト蔵」「まちつく！」などのインターネットサービスを立ち上げ、２０１

０年には同社を米サンフランシスコのソーシャルゲーム会社、ジンガに売却した。
２０１２年にジンガ・ジャパンを退社後、１年におよぶ世界一周の旅に出発し、帰国後の２０１３年２月にメルカリを創業している。いわゆる連続起業家（シリアルアントレプレナー）である。

山田氏はジンガ・ジャパンを退社後に新たな起業を予定していたというが、その前に旅に出ることを決めた。もともと旅好きだった彼は、「これを機会に訪れたことのないアフリカや南米を旅したい。今行かなければいつ行けるかわからない」と考えたという。

帰国後に立ち上げたメルカリの国内外での大躍進は誰もが知るところだろう。

僕が思うに、山田氏はジンガ・ジャパンを退社後、その気があればウノウの売却益ですぐにでも新しい会社を起こせたはずだ。

ところがそれをせず、１年間の旅に出た。さらに言うと、また起業するにしても、あらゆる業種が可能性としてあったはずだが、やはりインターネットサービスの分野で再度ビジネスを立ち上げている。

山田氏はこの1年にわたる世界一周の経験をこう振り返っている。
「資源をもっと大事に使っていく必要性があると思っているし、途上国の人も循環的な社会でみんなが総体として豊かになれる。もしここで成功すれば、すごく大きなマーケット、ビジネスになるのではと思ったので、失敗するかもしれないけど、ヒットをねらうというよりホームランをねらって、三振したらまた違うことをやればいいと始めた」

適切なインターバルが人生を濃くする

これは僕の想像にすぎないが、山田氏は旅を楽しみながらも、次に自分が会社を起こすとすればどんな業種が最適か、自分が何をやりたいのか、考えるともなく考えていたのではないだろうか。

会社を売り、旅をしたことで、ふだんは仕事に追われて改めて問い直すことのないような事柄も、じっくりと考える時間がふんだんにあったと思う。

自分の得意なこと、本当にやりたいことは何なのか？ 自分はこの業界に向いているのか？ もっと違うことができるのではないか？ 同じインターネットサービス事業を立ち上げるにしても、もっとうまいやり方があるのではないか？

こういうことは、全くの自由な時間がなければ、なかなか腰を落ち着けて考えられるものではない。

人間は影響を受けやすい生き物だ。今勤めている会社や周りの環境に、どうしても自分の意思決定が引っ張られてしまう。周りの目が気になる。

その枠から飛び出して発想したり、生き方を変えたりするのは至難の業だ。

だからこそ、働き方を考えるための「働かない期間」を意識的に取るべきだ。

会社を売って、毎日決まった時間に出社して仕事をする必要がなくなり、生活費を考えなくてすむ状況を作ろう。

筋トレは適切なインターバル（休憩時間）を取ったほうが筋力増強に効果的なことが知られている。人生も筋トレと同じだ。戦略的にインターバルを取ることで、人生の中身は格段に濃くなる。

友人の一岡君からこんな話を聞いた。「実は、本田宗一郎もサクッと作った会社をトヨタに売却している」。本田宗一郎は、東海精機重工業を豊田自動織機に売却した後、「人間休業」と称して1年間の休養に入った。そして、休養後に創業した会社が本田技術研究所だ。

実は、この手の話は多い。ソフトバンクの孫正義さんも、自動翻訳機を松下電器に売却後、1年以上にわたってビジネスモデルを考え、今のソフトバンクを作ったのだ。

「踊り場」を意図的に作って「人間休業」することが、想像以上に人生を飛躍させることにつながる。

ジュエリーデザイナーから投資銀行家に転身した僕の妻の売却体験

手前みそな話だが、僕だけでなく僕の妻も、起業して会社を売却している。

僕の妻は、僕と同じく名古屋の生まれだが、中学校を卒業後すぐに上京した。会社を作ったのは21歳の時だ。それまではジュエリーデザイナーの仕事をしていたのだが、ラスベガスのジュエリーショーに行ったときに、一目ぼれしたアクセサリーブランドがあったようだ。

このジュエリーは、どのようなものかというと、いわゆる「トラベルジュエリー」というものだった。

ハリウッドの女優や大富豪のマダムは高価なジュエリーを好む。しかし、数千万円、時には1億円を超えるような本当に高価なジュエリーを実際に着けていると、紛失したり盗まれてしまうリスクが大きい。そこで、高価なジュエリーは銀行に保管して、普段は精巧に作られたフェイクジュエリーを身に着けているのだ。

そして、そうした文化は大富豪のセレブやマダムたちだけではなく、一般の女性たちの間にも浸透してきており、旅行やスポーツ、仕事の際には高価なジュエリーや時計をせずに、フェイクジュエリーを着けるというライフスタイルが流行ってきていた。

もちろん、フェイクジュエリーだからといって、安っぽいものを身に着けるわけではない。使っているのは人工ダイヤモンドだが、つくり自体は高価なジュエリーと全く同じだ。

例えば、裏から光が通るように穴をあけたりとか、カットの細かい石を丁寧に並べたりする技術は、ハイジュエリーと何ら変わらない。

このような「遊び」ジュエリーが、ジェットセッター的なライフスタイルを好む大人の女性たちの間で流行っていくだろうと、僕の妻は予測したらしい。

僕の妻は、このブランドホルダーの会社に連絡をして、日本国内での独占販売権をくれないかという交渉を持ちかけた。しかし、相手からの音沙汰はなかった。

当然といえば当然だ。会社も作っていない、ビジネスの実績もない、言ってみればただの女の子だ。

独占販売権を付与するのなら、大手の販売ネットワークをもっているところか、商社などときちんと契約したい、というのが相手の本音だろう。

ただ、僕の妻はここで諦めなかった。アポも取らず、いきなりロサンゼルスまで押しかけて直談判しに行ったのだ。直談判した結果、まさにその会社は日本の某企業と独占販売契約を結ぶ寸前だった。

その日本企業は15カ国以上から服飾雑貨を輸入しており、全国のホテルなどに150店舗以上も展開している大手企業だった。

交渉は難航したが、結局、僕の妻は日本国内での独占販売権及びアジア圏内での販売権を得ることに成功した。

事業の立ち上げには苦労したものの、4年後には百貨店6店舗に常設店舗を展開することに成功し、ネットショップも無事立ち上がり、その年のクリスマスの売上はネットショップだけで１０００万円を超えた。ビームスやユナイテッドアローズなどの店舗にも商品を卸せるようになった。

百貨店での常設店舗展開までは長い道のりだった。

都心の百貨店は、常設店舗を出店するための審査が非常に厳しい。最初から都心の百貨店には店を構えることができないため、地方の百貨店で期間限定ショップをトライするように促される。

僕の妻は、神戸そごうや名古屋タカシマヤの期間限定ショップを何度か出店し、そこでの実績を認められてようやく都内百貨店に出店できるようになったのだ。

出店は、百貨店側から急に声をかけられるため、常に準備をしていなければチャンスを逃す。たいてい「２週間後にオープンできますか？」と聞かれ、そこでタイミングが合わないと他の企業に声がかかってしまう。

百貨店への出店を精力的に考えていた時期は、いつ声がかかっても出店できるように、いつも余分に在庫を抱えるようにしていた。

その妻が26歳になったとき、会社を売却したいと言い始めた。店舗も増え、バックオフィス業務など、やらねばならぬことが急激に増えてきたのだ。

今の事業を一生かけてやっていくのかというと、そこまでの覚悟もない。

一度売却して、自分で本当にやりたいことを考え直したいということだった。

会社を売却し、子どもが生まれ、少し落ち着いたタイミングで、妻は僕の会社の役員に就任した。今は、自分の売却体験をもとに、M&Aのディールに携わり、投資銀行家として活躍している。


ここではさらっと書いたが、妻が実際に今の仕事に就くまでには3年の時間を要している。得意な料理で料理教室を開くことも検討した。モノを書く仕事にも興味があったため、物書きも考えた。その他、ファッションアプリの開発や知り合いの会社の手伝いなど様々な選択肢がある中で、これだと思えるものが出てくるまで3年間、いろんなチャレンジをしている。


女性は男性と異なり、家庭と仕事のバランスなどもあれば、体の変化などの影響もあり、大きくライフスタイルを変える必要があったり、変えたくなったりすることも多い。

また、男性と違って、女性は賢い。現実的で無理のないプランを作り、実行していくことができるので、起業したり売却したりする計画を立てることは得意だと思う。

女性が家事をしているのを見ていると、女性は起業家向きだと感じることが多々ある。女性は身の回りで何が起きているのかを把握し、記憶する能力が高い。

キッチンで鍋の様子に気を配りながら、包丁で食材を刻み、フライパンを火にかけてさっと炒め物を作る。また少し手の空いた隙を見つけて子供を風呂に入れ、買い物に行くときは複数のスーパーの割引状況やタイムセールを比較しながら、限られた予算の中で1週間の献立の準備を進めていく。

このように、全体の流れに敏感になって、やるべきことを事前に把握して事を進めていくのは、会社経営にかなり通ずるところがある。

営業マンの指導をしながら税理士とも打ち合わせをし、夜には業務提携先との会食をこなすなど、起業したらマルチタスクを並行してこなすことが必要とされるが、女性こそそれに向いているのではないか。

女性のあなたこそ、会社を作る、会社を売却するという手段を用いて、人生を大きくコントロールしていただければと思う。

人生は「変える」のではない、「買える」のだ

何度も繰り返すが、会社を売却したら、人生の選択肢がすごく増える。なぜかと言えば、時間とお金の両方が手元にあるからだ。

会社を売却すると、日々の経営で回している金額とはケタの違う大金が入ってくる（ことが圧倒的に多い）。

日々、事業を伸ばし、売上を上げるためにがむしゃらに働いていたが、ある日、M&Aの話がまとまる。売却前には通常業務に加え、事業譲渡に関わる手続きなどで多忙をきわめるだろうが、やがてその多忙な日々も終わりを告げる。

会社はもう自分のものでなくなる。事業も従業員も買い手側に行ってしまう。

そして、自分の口座には見たこともない金額のお金が振り込まれる。

そして、徐々に「自分は会社を売ったのだ。自分が作った会社の価値が、この金額なのだ」という実感がわいてくる。

バカな浪費をしなければ、何年も仕事をせずとも困らないぐらいの金額が手に入るはずだ。

僕は10代の頃、バカな浪費をしたために、最初に会社を売却したときに手元に入ってきた1億5千万円は、年を越す前になくなった。

そんな馬鹿の話は置いといて、会社を作り、それを大きくして売るという経験があると、とにかく人生の選択肢が増えるのだ。人生が変わるといっても過言ではない。**人生が変わるというか、変えることができるようになるのだ。もっと生々しい表現をすると、人生を「買える」のだ。**

会社を売却した後、留学することだってできる。僕も20代の頃、会社売却のタイミングで留学を考えたこともある（結局しなかったが）。

会社の売却後に留学するメリットは、自費で、自分のタイミングで行けることだ。大企業に就職すると、会社の費用で海外留学できる制度もある。ただ、この場合は自分を評価する立場にいる上司から色よい返事をもらえなかったり、同じく留学のチャンスをうかがう同僚にチャンスを奪われたりするなど、思わぬ外的要因に左右されてしまう可能性がある。

だが、自分で費用と時間の都合をつけられれば、好きなときに費用を気にせず留学できる。

僕の場合は留学には至らなかったが、旅のほかに、やりたかった勉強に集中して取り組んだ。最初の会社経営において、ファイナンスや資本政策の知識の足りなさを痛感する場面が多々あったため、独学で勉強を始めたのだ。


本を数千冊買って、ホテルの一室で数カ月間読みふけることなんて、金がなきゃできない。勉強はとにかく金がかかる。昔（平安時代とか）から、勉強は金持ちがやるものだ。

僕は公認会計士試験に必要な勉強を独学で行ったが（資格は取っていないし、試験も受けていない）、その教材は、近所の書店で参考書を数冊といったものではない。資格専門学校でしか買えない、約70万円もする高額なものである。

たいていの人は、こうした学校に2年間通って勉強しなければ合格できない。だから大学生がダブルスクールで勉強したり、大学卒業後も浪人して受験したり、とりあえず社会人となって働きながら勉強している人が多い。ただ、働きながらの資格取得は、よほど意志の強い人でなければ難しいことも知られている。

公認会計士の勉強をしたとはいえ、僕の目的は資格取得ではなかった。会社経営に役立つ知識を得たいだけで、公認会計士の事務所を開きたいわけではない。

だから、テキストを買い、学校へは行かずに講義の動画をオンラインで見て、財務会計論、管理会計論、監査論、租税法、企業法、民法、統計学、経営学、経済学をひと通り学ぶことにした。

資格取得が目標なら、テストで高得点を取るためのテクニックも身につけなければならないが、僕にはそれは必要ない。そのため約半年で内容を理解し、勉強を終えることができた。

こういう勉強の仕方に眉をひそめる人もいるかもしれない。たとえるなら、それは洋菓子店へ行き、ショートケーキのクリームだけを食べて、スポンジはすべて残して会計して帰るようなものだからだ。

確かに品のない勉強法かもしれないが、対価は支払っているし、会社経営において不可欠な会計の知識を学ぶ目的は達成している。自分にとって何が必要か、答えを出せていたからできたことだと思うし、このやり方は正解だったと思っている。

お金で時間を買って、最短距離で目標に近づくことが、会社を売ると自由にできるようになる。「学歴ロンダリング」をはるかに超えた「人生ロンダリング」が可能になるのだ。

もう少し品の良い言い方に変えると、**自分の理想に近づくための準備資金・準備期間が手に入る**ってことだ。資格や能力だけではない。教養だって手に入る。人脈だって手に入る。世の中、お金でカバーできることは多い。

本を読むことと行動することは違う

実は、本書を執筆する上で、懸念したことがある。**この本を僕が出すことで、どのくらいの人たちが実際に行動を起こしてくれるか**ということだ。

僕が今回、本書を出版する成果指標はこの一点だ。

本は、そもそも最後まで読まれない。ここまで読んだあなたは、それだけでかなりの少数派だ。基本的に、本は「積ん読」といって、机に積んでおくだけで終わる。読んだとしても、半分も読む人は少ないだろう。

しかし、僕も貴重な時間を使って、渾身の力で書いている。事実、僕のグーグルカレンダーには、執筆期間中「この期間はCFO以外予定入れるの禁止」と書いてある。

執筆の2〜3週間は、他の仕事を差し置いて、執筆を優先しているのだ。

ぶっちゃけ印税なんてたかが知れている。印税は本の価格の10％だ。本の値段が1500円だとすると、1万部売れても約150万円。10万部売れても1500万円だ。

ちなみに、うちの会社の案件単価は少なくとも5000万円だ。正直、まじめに仕事をしてた方が金になる。僕に村上春樹ばりの文才があれば、本を書いていてもよいのかもしれないが、そんな文才は（本書で4冊目になるが）自分には感じられない。

では、なぜ書くかというと、**あなたに行動してもらいたい**からだ。

本というのは読むだけでは何も身につかないものだ。本を読んだ人は、本を読みながら将来的に自分ができるようになりたかったことを疑似体験するだけで満足してしまい、それ以上行動に移さない。

本を読むという行為は、基本的には楽なものだ。ドリルと違って手を動かす必要もないし、授業のように課題も出ない。まして、行動して、生身の自分に次から次へと難題が降りかかってくるわけでもない。

本というものは、今はまだできない自分と、本に書いてあることを実践してみてできるようになった自分を想像して、変わっていく自分の未来を思い描いて興奮しているだけでよいから楽なのだ。

本を読むことは好きだけれど、結果は出ていない「ただの本の虫」になっている人は、努力しなければいけないつらさや、努力を続けるつらさを忘れて、うまくいったときの将来の自分ばかりを妄想しているから本が好きなのだ。

実際に本に書いてあることを行動に移すかどうかは、自分の問題である。

僕は、せっかく本を書いたのだから、実際に行動に移してもらいたいと思っている。

そのため、行動に移すことができるきっかけをいくつか用意しておこうと思って、「仕掛け」を作っておいた。

中学生起業家が総額10億円の調達を目指すプロジェクト開始！

まず、実際に起業して売却した人がこんなに多くいるんだということを多くの人に知ってもらうために、ウェブで公開する対談記事を数多く作った。

これは、実際に会社を売却したことのある起業家たちに協力を仰いだ。ウェブ上で若くして会社を売却した人の存在を多く目にするようになれば、「あ、会社を売却している人って意外に多いんだ」とあなたが思うきっかけになるかもしれない。

協力していただいた起業家の皆様には非常に感謝している。ちなみに、今回協力していただいた皆様は全員無償だ。ありがたい（現在も「連続起業家対談」というテーマで引き続き対談をしているので、我こそはと思う人は気軽にpr@tigala.co.jpまで連絡してほしい）。

しかし疑い深いあなたは、ウェブで体験談を読んでも、実際に自分の目で見て、手で触れるまでは、自分にもできるということを信じようとしないかもしれない。そこで、あなたが実際に目で見て、手で触れることができる場所を提供しようと考え、「pedia venture program」というオンラインサロンをオープンした。

「pedia」とは、スタートアップ界隈やベンチャーキャピタル界隈の出来事を専門に扱うニュースメディアである。もともとはイーストベンチャーズという老舗VCの社内起業としてスタートしたニュースメディアだ（イーストベンチャーズはメルカリやBASEなどに出資している、日本で最も好感度が高いと言われているベンチャーキャピタル）。

この「pedia」を、僕は2017年11月30日に譲り受けた。わかりやすく言うとM＆Aしたのだ。pediaはニュースメディアとして業界で一定の地位を築き上げており、取材依頼の問い合わせも多い。企業がプレスリリースする前の情報が集まってくるので、pediaにはスタートアップ界隈の情報が集結することになる。

pediaをニュースメディアとして見ていただいている方は結構多い。しかし、せっかくだから一歩踏み込んだサービスを展開してみようと僕は思った。pediaで取り上げられているニュースをより深く理解し、しかもニュースに出てきた起業家やベンチャーキャピタルと実際に触れ合うことができる場を作ろうと思ったのだ。それが「pedia venture program」というオンラインサロンである（2018年2月1日より開始）。

オンラインサロンの値段は月額1万円だ。これを高いと思うか、安いと思うかはあなたの自由だ。ただ、学生にはこの金額が高いのはわかっている。わかっているから、こんなことをやる。

小中学生につき無料。

２０１７年12月15日、弊社で「中学生起業家が総額10億円の調達を目指すプロジェクト」という企画を幾つかの会社と立ち上げた。これは、中学生の起業を積極的に支援しようというプロジェクトだ。

今の日本の学校教育には、お金を学ぶ場がない。これは仕方のないことだ。そもそも教師たちが起業なんてしたこともなければ、資本政策やファイナンスの知識もないのだから。教師とお金は無縁だ。もしかしたらお金を扱う仕事と最も距離の遠い存在が教師なのではないだろうか。

僕自身、起業当初は右も左もわからずに苦労したし、起業のハードルはとても高く感じた。その時、すごく不思議に感じたのを覚えている。スポーツ選手やアーティストとして活躍する人たちは、とても小さいころからそれに伴う教育を受け努力する。

小さいころから習い事をして、ある種虐待ともいえるようなスパルタ教育を受け、大人になったらプロとして活躍する準備をする。

しかし、お金の話（起業の話）になると、とくに小さいころから準備をするわけでもなく、思いつきで起業して、右も左もわからないまま手探りで動き出す。

例えば、野球はどうだろう。野球選手を目指す子たちは小学生からやり始める。リトルリーグに行き、高校では甲子園を目指し、ドラフトで指名されてプロの選手になる。

野球選手だけではない。スケート選手だって幼いころから教育を受ける。音楽の道を目指す人だって、楽器を始めるのは3歳くらいだろう。

兄弟全員を東大理三に入れましたというお母さんの子育て体験談などはたまに目にするが、兄弟3人全員ＩＰＯしましたみたいな子育て体験談は今まで見たことがない。

起業だって15歳から始められるのだから、15歳になったらすぐスタートを切れるような準備をする場所があればよいのに。

そう思って今回、小中学生が無料で起業を学べる場を作ることにした。直接触れ合い、教えられる場だ。実際にそこでスタートアップ支援も行う。出資もする。

「pedia venture program」では、「連続起業家（シリアルアントレプレナー）を目指す」というコンセプトのもと、これから起業する人、会社経営をしているが売却を目指したい人に向けて、年齢を問わずサポートさせていただくつもりだが、とくに小中学生の起業家育成に力を入れるため、小中学生に関しては無料にした。

「pedia venture program」に入れば、僕を含めpediaの仲間と交流ができる。また、ウェブでの「連続起業家対談」にご登場いただいた起業家の方たちも客員講師として招いており、すでに何人かの方には快く引き受けていただいている。

弊社監査役の山田真哉さんにも講師に入っていただいた。山田さんは『さおだけ屋はなぜ潰れないのか?』の著者であり、165万部のベストセラーを出している。正直、僕も中学生に戻って初めて会計を学ぶのなら、山田さんから学びたい。

このプロジェクトは、自分で言うのもなんだが、なかなか挑発的だ。そもそも、このプロジェクトのゴールは、あえて「起業の成功」に設定していない。そのもっともっと手前の「調達」がひとまずのゴールなのだ。

案の定、「調達ではなく利益額を指標にしろ」といった声もいただいている。これはある意味、僕の狙い通りだ。

このプロジェクトの考え方は、実は『インベスターZ』の最終巻からインスピレーションを受けている。『インベスターZ』の登場人物である道塾塾長はこう述べている。

「子供たちが真剣勝負で競うところにお金を目一杯投じるのはあたり前のことだ。

良い例が高校野球の甲子園大会だ。

君たちは甲子園球場はなんのために建設されたかわかるかね？

あの球場は高校野球……当時の全国中等学校優勝野球大会を開くために造られたのだ。

その証拠に、球場の使用日程はプロより高校野球が優先される。

１９１５（大正４）年に第１回大会が開催された全国中等学校優勝野球大会は回を重ねるごとに大人気となり、大きな球場の必要性に迫られた。そこで、主催する朝日新聞社の社長が阪神電鉄の社長に相談したところ、二人の意見は東洋一の大球場を建設することで一致し甲子園球場が誕生した。

この二人が偉かったのは、子供の野球だから観客は２万人も入れば十分とは考えず、５万人を収容できる大スタジアムを造ったところ。

子供の野球だからこそお金を思いきりかけて最高の球場を用意したところに先人の偉大さがある。「日本一の球場で日本一を目指す」という最高の場所と価値の提供が日本の野球の発展の基盤ともなった。

すべては大人が子供たちのために多大な投資を行ったからこそ成し得たことなのだ。世界を見渡しても子供の競技のために5万人収容のスタジアムを建設しようと発想した国は日本以外にない。

日本は元来世界に比類のない、子供に対する投資を惜しまない国なのだ。投資を受けた子供たちは一生懸命努力して成長する！能力が向上し素晴らしい人材に育ち社会貢献をする！」

（三田紀房『インベスターZ』より。引用は適宜省略を行ったり句読点を補っています）

これを読んだとき、起業の甲子園球場を作らなければいけない！と思い立った。道塾塾長の話を言葉通りに解釈すると、中学生の起業こそ、思い切り資金調達しやすい環境が存在しなければならない。しかし、現在の日本にそんな環境は存在しない。

そんな背景もあって、中学生起業家が10億円の「調達」を目指すプロジェクトを発足したのだ。

学生起業家の最大の障害は「親」

高校生はダメですか？　大学生はダメですか？　という声が現時点でも聞こえてきている。実際、よく聞かれる。

しかし、一つ言っておく。自分は高校生以上には冷たい。なぜなら、僕は高校生の時点ですでに稼いでいたからだ。19歳の頃には1億円を作っていた。

「高校生にもなれば、もう義務教育でもないのだし、自分で稼げるでしょ」と思っている。そのため、無料にはしない。

僕がこのプロジェクトで一番やりたいことは、今の10代に対する起業提案もだが、それだけではなく、今の若年層の親たちの世代に向けて、子どもの起業を前向きにとらえてもらうことだ。これもミッションの一つとしている。

10代の起業における最難関は「親」である。ほとんどの10代は親離れできていないし、自立してもいない。逆もまたしかりで、10代の子供たちのほとんどの親は子離れできていない。

むしろ、親離れできていない子供よりも、子離れできていない親の方が多いと感じる。10代の子どもの場合、親の発言力がどうしても強くなり、起業でなくても親に反対されたら諦めてしまうことが多いだろう。

しかし、それではもったいない。**起業は何回もやればやるほど得意になっていく。早い段階で始めて回数を重ねたほうが「強く」なれる。**やりたいなら、一日も早く始めるべきだ。

だが、親に「起業したい」と馬鹿正直に言ったところで十中八九、反対されるだろう。10代後半に起業したいなんて言えば、「大学受験があるのに何を考えているのか」と猛烈に反対されるのが目に見えている。高校2年、3年で部活動をしていても、親が学校に苦情を言うような時代である。反対されるに決まっている。

僕が15歳で起業したときも、似たようなことがあった。1学年下の友人と共同で会社をやることを考えていたのだが、彼は親の反対に遭ってしまい、共同経営を断念した。彼は中堅のアパレル系企業として代々続く家の跡取りだった。親からすれば、大事な跡取り息子が失敗して経歴に傷がついては困る、というわけだ。

しかし、起業や会社経営に関して周りの言うことに振り回されていてはどうしようもない。自分の理想に向かって突き進んでいくのが起業であり、会社経営だからだ。

親くらい振り切れないで、この先やってはいけない。
僕は、親には会社のことは一切黙っていた。

僕らが10代の子どもたちに提供できる一番大きなことは、ファイナンスや企業の知識ではなく、親の足かせを外すことなのかもしれない。

10代での起業をより活性化するには、子どもの教育よりも親の教育の方が必要だったりするのだ。10代で起業を考える時点で、その子はおそらく優秀だ。

僕自身、その優秀な子たちを教えるというよりも、どちらかと言えば彼らから学ばせてもらいたいという気持ちが強い。彼ら、彼女らがどんな視点でビジネスモデルを構築し、実行していくのか、大変興味がある。

起業家は若い人ほど優秀だ。僕が連絡を取り合っている25歳前後の起業家たちは、みな大変優秀だ。

僕は、若い人たちから情報を取り入れるために、TLM1号投資事業有限責任組合というVCのリミテッドパートナーになっている。ゼネラルパートナーである木暮圭佑氏は、国内で最年少の独立系ベンチャーキャピタリストであり、23歳の時に自身のファンドを立ち上げた。

ＴＬＭは、いわゆるベンチャー企業のシードラウンドに投資するファンドであり、「ヒカカク！」や「スマホのマーケット」を運営するジラフなど10社以上のベンチャー企業に出資している。

この木暮氏のプロダクト感覚や海外事例の知識には毎回驚かされる。

僕も本を読むのが好きだし、インターネットもよく見ており、情報収集は意識的にしているほうだと思う。それでも、彼らと会って話をすると、知らない情報にたくさん触れることができる。キュレーションメディアに毎日目を通していても、取りこぼしている情報が多々あることに気づかされる。

ＴＬＭファンドに出資することは、僕にとっての「リアルキュレーション」なのだ。

実際にＴＬＭファンドが出資していたり、接点を持っていたりする人たちとのやり取りに交ぜてもらうことで、今まさに流行っているもの、若い世代の間で話題になっていること、それに対する彼らの感想や意見を定期的に聞くことができるのだ。そしてそれは、僕の知識や情報を最新版にアップデートするのに役立っている。ちなみに、木暮さんも「pedia venture program」の講師を務めることを快諾してくれている。

実は、「pedia venture program」は、年下からビジネスモデルを学ぶ場にもなっていけばいいなと考えている。10代だけでなく、年下から学びたい大人たちも、ぜひ「pedia venture program」に入会していただければと思う。

ぶっちゃけた話をすると、僕は中学生がビジネスで成功するとは考えていない。起業ビギナーの中学生は、ビジネスの世界ではなかなか勝てない。僕もそうだった。

起業は年齢制限・階級制限なしの総合格闘技のようなものだ。ロートル企業をベンチャー企業がまくりにいくという、番狂わせのジャイアントキリング（巨人を倒すこと）も稀にあるが、中学生起業家だからといって、競合他社が手を抜くことは一切ないのもまた真なりだ。

TIGALAから中学生に出資すると、会計的にはおそらく出資即減損の流れになるような気がする。これはこれで仕方のないことだ。そもそもこの「中学生起業家10億円プロジェクト」の第一目的は、中学生起業家が僕らみんなのお金を10億円溶かすために立ち上げるようなものなのだから。

しかし、ジャイアントキリングを狙っていないわけではない。番狂わせはあり得ると思っている。

基本的に、業界の外にいないと業界の構造を変化させるようなビジネスモデルは思いつかない。例えば銀行員は、仮想通貨のビジネスなんて絶対に思いつかない。そういう意味では、中学生起業家はどの業界にも属さないやつらなのだ。そもそも社会に出ていないのだから。まだ社会に出ていない中学生起業家だからこそ、業界の創造的破壊をやりまくれるのではないかとも思っている。

最近では、16歳で1億円を調達したという山内奏人さんという起業家が話題になった。カード決済アプリの「ONE PAY」を作っているワンファイナンシャルというベンチャー企業だ（彼はもともとTIGALAがpediaを譲り受けたユニバーサルバンク社からも出資を受けている）。

こういう事例を見ると、僕は思わずニヤリとしてしまう。カード決済も満足に使ったことのない年齢の起業家が作ったカード決済アプリなんて、最高だ。こういうサービスの中からこそ、革命的なサービスが生まれるのだろう。

だから、今回の中学生起業支援プロジェクトでは、ひとつ縛りを設けるつもりだ。それは、「学生向けマーケティング事業NG」。

せっかく業界のイノベーターとしてビジネスを起こせる可能性があるのに、放っておくと学生はすぐに学生マーケティング事業をやりたがる。自分たちがわかる業界がそこにしかないのはわかるが、それではジャイアントキリングなんて起こせない。せっかく派手に失敗するチャンスがあるのだから、大きな事業を狙ってほしい。

今の中学生起業家たちが、どんなサービスを思いつき、どんなビジネスモデルを実践していくのか、興味が尽きない。中学生の起業支援プロジェクトの一番の生徒は、もしかすると僕自身なのかもしれない。

意外と多い、知られざる「連続起業家」たち

第2章では、起業して会社を売却し、お金と時間を手に入れることのメリットについて説明させてもらった。このような連続起業家は、あまり知られることはないが、実はたくさん実在している。ここに、先ほど紹介した「ブイエスバイアス」以外の、短期でのM&Aエグジットの事例を載せておく。

いずれも創業から売却までが長くて2年程度、20〜40代の若手起業家による事例を集めた。あなたの起業、会社売却の参考にしてほしい。

1 株式会社Candle

Candleは2014年4月、当時東京大学の学生で20歳の金靖征氏が創業した。東京大学起業団体TNKに所属し、同団体のメンバーとともに立ち上げた。

ファッションコーディネートアプリ「Moode」をリリースした後、複数のエンジェル投資家（起業間もないベンチャー企業に出資する個人投資家）から資金調達してキュレーションメディア「Topicks」をスタートさせた。

2015年には独立系VCのインキュベイトファンドが主宰する起業家・投資家の経営合宿「Incubate Camp」に出場し、これを機に複数のVCからの資金調達を実現。その後、「Topicks」を「MARBLE」に改称し、ファッション、メイク、美容などオシャレな女性向けのキュレーションメディアとして人気を博す。

同社は当初IPOを目指していたが、大手のリソースを使って事業に集中したいとM&Aに路線を変更し、2016年10月にクルーズ株式会社に総額12億5000万円で事業売却した。金氏は現在もCandleの代表取締役CEOを務めている。

2　シンクランチ株式会社

シンクランチはグーグルの日本法人に勤務していた福山誠氏と上村康太氏が２０１１年８月に創業した。

立ち上げ直後にＫＤＤＩが主宰するスタートアップ支援制度「KDDI ∞ Labo」の第１期参加企業に選出され、資金調達を実現。フェイスブック上でランチの相手をマッチングし、異業種交流を深める「ソーシャルランチ」のサービスを２０１１年10月にスタートさせた。事業は順調に拡大し、会員数は６万人を超えた。

２０１２年12月、福山氏が学生時代にアルバイトをしていた株式会社ディー・エヌ・エーの元社員で、株式会社 Donuts 社長の西村啓成氏から買収の打診があったのを機に、創業からわずか1年４カ月での売却となった。

現在、福山氏は Donuts 社長室室長を務め、ソーシャルランチのリニューアルを図りながら事業を拡大している。上村氏は Donuts のヒューマンリソース部部長を務めた後、グロービス・キャピタル・パートナーズのメンバーとしてベンチャー企業への投資・支援事業に従事している。

3　株式会社バンダースナッチ

バンダースナッチは、もともと二輪アフターマーケット小売企業でアルバイトからバイヤー・SV・社内ベンチャー立ち上げを行ってきた藤井裕二氏が、2011年に職場のメンバー3名と共に立ち上げた会社だ。

イラストをアップロードするだけで服が作れるインターネット上のアパレル工場「STARted」を運営。アイデアさえあれば個人・法人問わず誰でもアパレル商品を作ることができるサービスで、メンズ、レディース、キッズ、犬服や衣装、バッグなど様々なアパレルアイテムの生産が可能だ。

同社はさらなるサービス規模の拡大を狙い、2016年12月、家入一真氏が率いる日本最大のクラウドファンディング・プラットフォームであるCAMPFIREに事業譲渡を行った。藤井氏は現在も代表取締役を務めている。

4　株式会社 MUGENUP

イラストの制作に特化したクラウドソーシングサービス、ムゲンアップを創業した一岡亮大氏も連続起業家の一人だ。

同社はイラストを描くクリエイターとゲーム制作会社などのクライアントを繋げるサービ

スを運営しており、昨今大きな話題になった西野亮廣氏の絵本『えんとつ町のプペル』も同社のサービスを利用して制作された。

一岡氏は大学時代、独学で1年間システム開発に明け暮れ、とある企業に50万円ほどで売却、それを元手としてSNSで出会ったパートナーと居酒屋クーポンシステムの起業を行い、収益化していた。

大学卒業後、1年ほどメガバンクにて法人営業を行った後、2011年6月、MUGENUPを創業。2015年に自己株式を売却して同社を退任し、現在はアンドディー株式会社代表取締役。

5　株式会社ジャパンインフォ

英語、中国語でニュースや旅行情報等を提供する日本最大級の外国人向け情報サイト「Japan Info」の運営を行うジャパンインフォ社は、2012年に原口悠哉氏が設立した。

原口氏は大学卒業後、VOYAGE GROUPに入社し、1年後の2012年3月、「Incubate Camp」で優勝したことを機に、同年6月に起業。起業当初は、声のプラットフォームを作ることを目標に「全国告白白書」を開発していたが、多くの声優の卵と出会うことで、声優業界の抱える課題に対して問題意識を持ち、2013年1月、音声クラウドソーシング

「Voip!」をリリース、2015年5月にココンへ事業譲渡している。

また2014年夏、旅行クラウドソーシングサービス「tabikul」などをリリース後、同サービスをピボットした形で2015年1月に「Japan Info」のサービス立ち上げを行った。2016年、フジ・メディア・グループ傘下のジープラス・メディアによる子会社化を発表後も、原口氏が代表取締役として指揮をとっている。

6　株式会社リジョブ

2014年9月に約20億円という額でじげん社に企業売却を行ったリジョブの望月佑紀氏も「生涯起業家」として有名だ。

同氏は慶応義塾大学在学時、100名の起業家を訪問し、対談することで起業を志す。大学在学中の2005年に6畳1間のアパートで事業をスタートさせ、2008年には美容・ヘルスケア業界求人メディアである「リジョブ」をリリース。年商15億円ベースのビジネスへと成長させた。

じげん社へ売却後は世界各国をめぐり、サンフランシスコをはじめ世界各地で事業開発を行っている。

7　株式会社バルクオム

現在成功している起業家にも失敗はある。

メンズ専用のスキンケア製品の製造・販売事業を行うバルクオムの野口卓也氏は慶應義塾大学中退後、自身がもともと小説家を志していたという経歴から、2008年に日本で最初のiPhone専門の電子書籍ベンチャーを起業したが、2年で事業撤退に追い込まれている。その後、「sakeba」という日本酒専門のバーを渋谷で開業。同店舗はウェブ業界の人間の間で評判となったが、バルクオム立ち上げと同時に共同創業者の友人に経営権を譲渡、一線からは退いた。

2017年11月にバルクオムは3億円の資金調達を実施、今後は最短距離でトップブランドを目指す意気込みを語っている。

8　株式会社アラン・プロダクツ

アラン・プロダクツを起業した花房弘也氏は、2014年1月にゴロー株式会社を創業、複数のファッションECサイトを一括で閲覧し購入できるアプリ「melo」を提供していた。その後、事業をピボットし、薄毛対策・治療に特化したメディア「ハゲラボ」など個人の悩みを解決するコンプレックスメディアを複数運営、約1年でユナイテッドグループにバイアウトした。

当時のインタビューで花房氏も語っている通り、小さな組織で大企業と渡り合うには圧倒的なスピード感で事業を成長させていかなければならないが、特にスタートアップでは人的リソースを確保することが難しい場合が多い。そのため、人的リソースや資金力が豊富なユナイテッド社のグループとなることで、その潤沢なリソースを活用し、優秀な人材とともに一気に事業を成長させる、という選択をとった。

この事例は、日本ではまだ少ない「アーンアウトディール」と呼ばれるスキームで行われており、ユナイテッド社がゴロー社の全株式の60%にあたる3517株を約8億1千万円で取得し、残り40%の株式は花房氏が継続して所有し続けるとともに、株式譲渡契約時に議決権のない種類株式へ転換する、というものだった。

第2章を振り返り、まとめておこう。

たいていの人間は、自分が何を望んでいるのかわかっていない。自分が何を欲しているかもわからない。

ものすごく具体的な話ならわかる。職場での悩み、今夜何を食べたいかなどだ。

しかし、問いかけが曖昧になってくると答えを出せない。

「あなたは何を望んでいるのか？」とか「あなたの人生の目標は何か？」という問いは曖昧すぎて、これに対してすぐに、明確に、どう行動すればよいかという答えは出せない。

これらの問いに答えようと思うなら、定期的に時間をとり、自問自答する時間が必要になる。

自分が人生を賭けてやりたいことを見つけるなんて不可能だ。人生の状況は都度変わる。自分の考え方も変わっていく。そもそも、人生の生きがいなんて自分で先に決めるものではない。たまに人生を振り返りながら、自分で作り上げていくものだ。

今を生きればよいのだ。

「今」をふんだんに生きるための「お金」と「時間」である。
「お金」と「時間」を持てば、人生の選択肢は無限に増える。
サクッと起業して、サクッと売却して、人生を無限に楽しもう。

第3章
起業のFAQ

第1章、第2章では、「サクッと起業して、サクッと売却する」という働き方の提案をさせてもらった。

「お金」と「時間」を手に入れ、「今」をふんだんに生きることに対して、前向きに考えてくれていれば何よりだ。

サクッと起業して、サクッと売却することができれば、出世競争になんて巻き込まれない。定年退職するときを夢見て、人生を先送りすることもない。最高の世界旅行をすることだって可能になる。

そんなことがしっかり理解いただけていれば何よりだ。


ここからは具体的な話に入っていきたい。

第1章で、HOWよりもWHYが大事という話をさせていただいたが、本書ではHOWの部分にもとことんこだわりたいと考えている。そのため、ここでは起業のリスクについて、僕が今までよく質問されてきたことに答えていく。

具体的な話に早く進んでいきたい人は本章は読み飛ばしていただいてかまわないが、「サクッと起業してサクッと売却する」ことに少しでも疑問や不安がある人は熟読してほしい。

起業家のプライバシー問題

Q 起業家になったら叩かれるって本当ですか？

皆さんが起業しようとすると、フェイスブックやツイッター、ブログなど、いくつかのSNSを活用していくことになると思う。

好き嫌いにかかわらず、時代の流れとしてやらざるをえない可能性は高い。実は僕自身、SNSが大っ嫌いでこれまでやったことはなかったが、最近始めた（始めさせられた）。

「なぜフェイスブックをやらないのか？」「SNSで自己開示していない経営者は胡散臭い」という世の中の風潮を作り出したのは、レオス・キャピタルワークスの藤野英人さんだ。彼の起業家に対する影響は非常に大きい。

僕が長年拒んでいたフェイスブックも、藤野さんに「フェイスブックメッセンジャーで連絡してよ」って言われたからアカウントを開設した（藤野さんみたいな大御所にそう言われたら、作らないわけにはいかない。そんなわけで、自分のフェイスブックの友達第一号は光栄なことに藤野さんだ）。

彼が、様々な記事や書籍で「社長が顔出ししない会社の業績は下がる」とか「スリッパを履く会社には投資するな」と発信しているため、起業家としては変なところでマイナス影響を受けたくないからその通りにする。

これらのデータを検証したわけではないので真偽はわからないが、少なくとも僕の会社が過去最高益をたたき出した年は、ホームページに顔写真は出してなかったし、まさにスリッパに履き替える会社だった。今年になってホームページに顔写真も出し、会社を引っ越してスリッパに履き替えない会社になったが、例年よりも業績は少し悪い。

とはいえ、経営者にＳＮＳは必須な流れになってきている。面識のない人と「お会いしましょう」となると、みんな「会社名　名前」や「会社名　社長」で検索して、検索順位が上位のいくつかのサイトにはパッと目を通してくる。

そこで何も出てこないと、なんかこの人大丈夫かな……となってしまうのだ。

このように、SNSアカウントを作って情報発信したり、様々なメディアの取材を受けたりすることは、起業すると余儀なくされる。そして、そういうことを繰り返すと、当然のことながら露出は増える。

結果、伸びているように思われ、目立つ起業家はどこかのタイミングで間違いなく叩かれる。

もちろん、叩かれるばかりではなく、もてはやされることもある。

しかし、もてはやされるばかりの起業家はいない。どこかで必ず叩かれる。しかも、必要以上に叩かれる。

本書を執筆中のまさに今も、ウォンテッドリーの仲暁子さんが「DMCAを悪用した」とかメタップスの佐藤航陽さんが「粉飾疑惑だ」なんて言って叩かれている。

少し前はgumiの國光宏尚さんが「gumiショック」と叩かれたり、みんなのウェディングの穐田誉輝さんが自由奔放な私生活を叩かれたりしていた。

もてはやすときは散々もてはやし、少しでも何か脛に疵を見つけると、打って変わってお祭り騒ぎのように叩き出すくだらない人たちは非常に多い。Yahoo!ファイナンスの掲示板なんて、その温床だ。そんなヤツらは相手にしないし、付き合わない。以上。

で、話は終わりなのだが、そもそもなぜ起業家は叩かれるのだろうか？

起業家が叩かれる理由は、起業家が「夢を実現させる方法論」を身に付けているからだと僕は思う。

「宝くじで一発当てた」とか「ビットコインで一瞬儲けましたわ！」という人たちは、意外と叩かれない。それは、方法論を確立していないから。

みんな、心のどこかで「夢を実現させる方法論」を持っている人を認めたくないのだ。夢があるならこんな風に実現させればいいよという方法論が確立されてしまったら、今まで自分が生きてきた人生を否定されたような気がしてしまうのではないか。

だから、夢を実現させる方法論を確立させている人を見つけると、嫌悪感を抱くのだ。

そして、その人が何かしでかすと、叩いて叩いて、必要以上に叩いて、何かもうその人が夢を追いかける気力がなくなるくらいまでみんなで袋叩きにする。

夢を実現するノウハウを持っている人を1人、世の中から減らして、みんなで安心し合っているのだ。

そんな人たちは騒がせておけばよい。

金を返せるかの心配より、金を借りられるかの心配

Q 借金で周りに迷惑がかからないでしょうか？

事業に失敗して莫大な借金を背負ってしまうことを心配している人が、今の時代でもまだ存在する。

会社を潰したりしたら、自己破産して生きていけないのではないか。家族が路頭に迷ってしまうのではないか。厳しい督促によってメンタルを病んでしまうのではないか――。

起業経験のない人が心配するリスクといえばこんなところだろう。

しかし、こうしたリスクのほとんどは考え過ぎだ。事業に失敗しても命まで取られるわけではない。仮に借金があったとしても、人は生きていける。数カ月間は辛い時期が続くかもしれないが、それも永遠には続かない。

返せなくなったら自己破産して社会的信用がゼロになると思っている人もいるが、そこまで失敗しても、昔と違ってひどい目には遭わない。

銀行借入をした場合はたいてい保証協会がつくものだから、自分に返済能力がなくなったら協会が保証してくれる。その代わり5年の返済期間が20年に延びたり、毎月20万円の返済金額が2万円に下げられたりして、保証協会に返し続けていくことになるだけの話だ。

もちろん、その間は金融機関から自由にお金を借りることはできないが、実際のところ、命を取られるどころか骨一本折れることなく生きていける。運悪く借金を背負ってしまったら、ゆっくり返していけばいい。

起業したことのない人に限って借りてもいないお金の返済の心配をするのは不思議だ。実際に起業した人たちが心配するのは、借金返済ではなく、「無事に借金ができるかどうか」なのだから。これが、起業家とそうでない人の一番の違いかもしれない。

とくにベンチャー起業は、売上も少ないし、金融機関からの借り入れはむしろできないことの方が多い。金融機関からお金を貸してもらえないから、仕方なく自分の株を希薄化させてベンチャーキャピタルから調達をするのだ。

出資を受ける際に、「死ぬ気でがんばりますが、失敗したらゼロになってしまうお金です。失敗したときはすみません。その節は、次に起業するときの資金をまた出してください！」と正直に言っておけばよいのではないだろうか。

「絶対に返せるお金です」「死んでも返します」とか言うからおかしくなるのだ。

ダークサイドシリアルアントレプレナー

つい最近、バルクオムの野口卓也さんと対談した。対談中、彼は起業に失敗してまた起業する人のことを「ダークサイドシリアルアントレプレナー」と言っていて、非常に面白かった（ちなみに、野口さんも「pedia venture program」講師を快諾してくれており、先ほどの木暮氏も僕は野口さんからの紹介で出会った）。

起業したら、失敗することだってある。僕は「サクッと起業して、サクッと売却しろ」と言っているが、「絶対に誰でも楽して売却できる方法」とか「寝てても起業に成功」などとは一言も言っていないので、勘違いしないでほしい。「サクッと倒産」だって全然あり得るのだ。

今から、そんな「ダークサイドシリアルアントレプレナー」について話す。

Q 起業に失敗したら就職が難しくなりませんか？

ダークサイドシリアルアントレプレナーは、起業に失敗し続けたら就職を余儀なくされることだってあるかもしれない。その時に気になるのは「就職しづらくなるリスク」である。

例えば学生起業をして、在学中に会社を潰したとする。「でも、いい社会勉強になりました」と言って周りと同じように就職活動をするのはそれほどマイナスではないだろう。今ならベンチャー企業など、会社によっては起業歴のある人を評価し、積極的に採用するところもあるはずだ。

ところが、年齢によっては起業歴がマイナスになることもある。今まで全く就職した経験がないまま起業した場合だ。

起業して30歳までがんばってみたものの、事業がなかなか軌道に乗らず、会社をたたんで就職したいと考えたとする。本人は会社で寝袋生活もいとわず、必死に事業を伸ばそうとしていたのかもしれない。だが企業の採用担当者からみれば、「ベンチャー企業の経営者ぶってたいした実績も残せなかった人」というレッテルを貼られる可能性が高い。

しかし、以前は煙たがられていた起業家の経歴も、ベンチャー企業ばやりの昨今は価値が上がっている。何もかも自分ごととしてやらなければならない環境に身を置いてきた人間と、雇用され続けてきた人間では、仕事に対するマインドセットが全く違うという認識も広がっている。

起業に失敗して就職を考えたい人は、立ち上げ期のベンチャー企業に就職活動をするといい。

ウォンテッドリーに掲載している会社なんかは、たいてい温かく迎え入れてくれるのではないだろうか。

ウォンテッドリーに掲載している企業は1000社弱ある。今後も増えていくだろう。それだけあれば、まあどっかは採用してくれるのではないだろうか。

ただ、起業して失敗した場合、採用市場での評価が高まるというわけではないので、そこは勘違いしないようにお願いしたい。

何をやってどう失敗したかは、面接でもしつこく聞かれるだろう。

今、就職市場には過去に経営者をやっていましたという人の再就職案件が多いように思う。僕はこの1年間でおそらく150人以上は面接をしたが、20％程度は起業経験者だった。

しかし、僕はこれらの人たちを誰一人として採用しなかった。なぜか。

これらの人たちの中に、自分が経営者をやっていた時よりも安い給与を希望してきた人は1人もいなかったからだ。

起業に失敗した時に、せこい考えで自分の給与は保ったまま（下手したら増やして）雇われの安全な世界に逃げ込もうとする人は後を絶たない。

仮に、あなたが起業に失敗してどこかに就職しようとするのなら、こういう卑屈な考えは捨てたほうが良い。面接の時にいかに自分が成功間近だったかを説明しても、就職活動に来ている時点で、うまくいかなかったことくらい経営者には一目でわかってしまうのだ。

起業して、失敗して就職することが悪いと言っているのではない。就職してやり直すなら、変なプライドは捨て、思い切って給料を下げて一からやり直そう。その方が結果として近道だ。

Q 「良からぬ世界」に巻き込まれるリスクはありませんか？

これはダークサイドシリアルアントレプレナーだけではないのかもしれないが、起業して「良からぬ世界」に巻き込まれるリスクについてたまに聞かれる。

起業と売却を何回も繰り返すと、人脈ができ、信頼できる人も見つかってくる。しかし、初めて会社を立ち上げた場合、最初はあまりまともな会社とは付き合えない。上場企業や勢いのある会社と組みたいと思っても、実績のまるでない会社では難しいのが現実だ。

とくに立ち上げ直後は人もいない、金もない、コネもない状態のため、相談できる人もおらず、よくわからないまま浮ついた儲け話に乗ってしまい、妙な事件に巻き込まれたりするリスクが高くなる。

一度そうした事件に関わると、インターネット上に残る。将来ＩＰＯをしたいと思っても、東京証券取引所や証券会社からしっかりチェックされ、ＩＰＯのできない起業家と認定されることにもなりかねない。

最終的には「野性の勘」で動くしかないのだが、立ち上げ当初は良からぬ輩が周りをうろうろすることを覚えておこう。少しでも「怪しい」と思ったら関わらない、といった基準を自分なりに持って、自衛するしかない。

とくにこの、「良からぬ世界」に巻き込まれる心配は、過保護な親がする。

親が子供の起業を心配する大きな理由の一つに、子どもが「良からぬ世界」に巻き込まれるのではないか、というのが挙げられる。

ただ、悲しいことに、過保護な親の元で育った子供ほど詐欺や事件に巻き込まれる可能性は高い。保護されまくっているため、出会う人を全員信用してしまうのだ。

つまり、これは「起業して良からぬ世界に巻き込まれてしまうリスク」ではなく、「過保護に育てられたことのリスク」なのだろう。

今はネットの検索も充実している。会社名と人物名をよく検索しておけば、よほどでないかぎり変なニュースはキャッチすることができるはずだ。

多少損な取引を強いられたり、ぼったくられてしまうのは、勉強代と割り切るしかない。実際のところ、起業したら、騙されるに決まっている。騙されるのを怖がっていたら、誰とも契約なんてできない。

企業というものは、仕入れたものに利益を乗せて販売している。そういう意味では、赤字の会社以外、99%の会社がぼったくっているのだ。

たまに騙されるくらい気にしないでよい。次から二度と取引しなければよいだけだ。

ちなみに、起業初期は少しくらい騙された方がいい。そうやって免疫をつけておけば、大きな取引の時に騙されるリスクを下げることができる。

実際、起業してから起こるのは、お金の問題よりも人間関係の問題の方が多い。従業員にどうやって注意したら角が立たないか。取引先をどのように断ったら紹介者に迷惑がかからないか。知人について変な噂が流れているが、本人に文句を言うべきか黙っているべきか。自分が世話にもなっていない人に「あいつは俺が育てた」なんて言われることもある。

よく「嫌われる勇気を持て」なんて言われるが、人間なかなか他者を全く気にせずに生きていくことはできない。共同体で生きるのが人間の特徴だから、人間の悩みもまた共同体にある。起業していると特に人間関係のトラブルに巻き込まれることが多い。ただでさえ人間関係のトラブルが尽きないのが人間なのに、お金の問題まで絡むのだから。

起業の人間関係のもつれは多い。僕自身、人間関係を構築していくのがうまくないので、こうしたらよいなどというアドバイスはとくにできないが、2つ思っていることがある。

1つは、人間の代わりはいくらでもいるということ。従業員の代わりはいる。どんなに優秀な従業員だとしても、同程度の能力の従業員はゴロゴロいる。同じ条件の取引先だってごまんとある。すぐみんな、あいつの代わりはなかなか探せないとか、この業者がこの業界では一番とか、あの人に目をつけられたらこの業界ではやっていけないなんて言うが、こんなのは僕に言わせれば思考停止以外の何物でもない。人間関係が面倒なら、さっさと代わりを探すにつきる。そこで悩んで思考停止してしまうこと自体、時間の無駄だ。

2つ目は、人間関係のトラブルの99%は時間が解決してくれる、ということだ。商取引や借金などの時効は法的にはだいたい5年程度で設定されているものが多いが、人間関係の9割は3年もたてば解消される。何か人間関係のトラブルが起こったら、3年くらい放っておけばよい（ちなみに、資本政策のトラブルは放っておくとタチが悪くなるから注意）。

とにかく、面倒な人間関係は切って切って切りまくればよい。良からぬコミュニティに入ってしまい、しがらみから抜け出したかったら、とにかく関係を切ればよいだけなのだから、心配する必要などない。極端な話、スマートフォンを捨てて、SNSのアカウントを全て解除して、どこか遠くに引っ越して、その地で心機一転、起業すればよいのだ。

実際、コミュニケーションコストというものは、新しく構築することが非常に面倒であるため、みんな新しく構築するよりも既存のコミュニティを使いたがる。しかし、すでに付き合いのある人や会社が、その案件にとって最適な組み合わせかどうかと言えば、そうではないことの方が多い。大事なのは、都度、そのプロジェクトに最適な人をゼロベースで考えて、そういう人を見つけて依頼することだ。

すべてのしがらみを断ち切って、知らない地で、新たに事業を立ち上げることに成功したら、よりパワーアップして戻ってくることが可能になる。

誤解を恐れずに言えば、起業に仲間なんていらないのだ。こう言うと、「なんて冷たいやつだ」とか「こいつと一緒に仕事なんて絶対したくないな」なんて思う人も多いだろう。まあ、そう思うなら思うで僕は構わないのだが（先述した通り、あなたの代わりなどいくらでもいる)、この「仲間」ということに関してひとこと言わせてもらう。

「仲間」の対義語は「敵」だけではない。それは「主人公」という言葉だ。「仲間」と言い出すやつは、たいてい自分を主人公として意識している。要は、自分が一番主要なキャラクターで、その周りのやつらが「仲間」なのだ。しかし、相手があなたのことを主人公で、自分は仲間のワンオブゼムだと思っているかというと、もちろんそんなことはない。相手は相手で自分が主人公なのだ。


何が言いたいかというと、過剰な仲間意識は、ただの感情の押し売りにしかならないということだ。あるのは「主人公同士の取引」なのであって、起業家が中心というわけではないのだ。起業家は職業柄、どうしても自分が中心だと錯覚してしまいやすい。

過度な仲間意識を持ってしまったがために事業そのものが歪んでしまった、という起業家は少なからず存在する。起業で成功したいのなら、決して人に依存してはならない。

Q 「真のダークサイドシリアルアントレプレナー」とは何ですか?

逆に、これから起業する人たちに対して僕が真剣に心配していることがある。

それは、起業の失敗を繰り返し、「真のダークサイドシリアルアントレプレナー」になってしまうことだ。

「真のダークサイドシリアルアントレプレナー」とは何かというと、詐欺に巻き込まれるのではなく、自分自身が詐欺師になってしまうことだ。

実は、詐欺師には起業家出身が多いのだ。起業に何度も失敗しているうちにひねくれて、楽して稼ごうという気持ちが強くなっていってしまうのであろう。

生き延びることに全力を注いでいるのが起業家なのに、楽して稼ごうという気持ちが強い人や、カッコばかりで見栄が強い人は、周りの必死さについていけず、「真のダークサイドシリアルアントレプレナー」（詐欺師）になってしまうのである。

起業家というキャリアを歩く上で、これは一つのリスクになると思うので、「真のダークサイドシリアルアントレプレナー」の存在を戒めとして頭の片隅にでも置いておいていただければ幸いである。

「10億あれば一生安泰」の嘘

Q 「10億あれば一生安泰」って話を聞きました。10億円あれば一生遊んで暮らせますか？

「もし10億円あったら一生遊んで暮らせる。10億円を不動産や安全な金融商品に投資しておけばよい。都内でも年3％ぐらいの利回りはある。そうすれば年間3000万円入ってくることになり、この利子で余裕で暮らしていける。10億円あれば人生一丁上がりのようなものだ」

29歳の時に資産が10億円を突破した僕が、これに対しては自信を持って回答させていただく。

「10億あれば一生安泰」は大きな嘘だ。

大金を持ったことのない人に限ってこういうおかしな発言をする。しかし、そんなことはありえないと断言しよう。だいたい、利回り3％なんて誰が保証してくれるのか。不動産の価値が暴落することだってある。確実に儲かる方法なんてどこにもない。

お金は何かしらを達成するための「手段」である。お金そのものが何かをもたらしてくれることはない。お金を儲けた人は、それを活用してチャレンジしたり、大きな投資をしたりする。お金はそのためにある。

「パーキンソンの法則」でもいわれるように、支出は収入の額に達するまで膨張する。お金は持っていたらあるだけ使ってしまうし、なくなってしまう可能性もあるものだ。「このお金さえあれば一生困らない」なんていう魔法のような話はない。お金はなくなるものである。そのことは肝に銘じておいてほしい。

Q 仮想通貨で10億円を手にしたという話をよく聞きます。起業よりも仮想通貨の方が儲かるのではないですか？

最近は、ビットコインをはじめとする仮想通貨のニュースが絶えない。1週間で倍になったとか、何年で何十倍になったとかいう話で一喜一憂している人たちをよく見かける。

でも、よく考えてみてほしい。

確かに、7年前にビットコインを10万円買っていたら、今は200億円かもしれないが、100万円で起業して7年後に一部上場していたら、1000億円になっているかもしれない。上昇率は、起業の方が上とも言える。

ビットコインは何もしなくても、寝ていても値上がりしたなんて言う人もいるが、人間、寝て待つだけほど難しいことはない。すぐ利益確定のため換金したくなったり、他の仮想通貨に乗り換えたりしたくなるのが人間だ。自分がプレイヤーとなって熱中していたほうが、よほど迷うことも少ないと思う。また、自分で作った会社は自分が一番理解しているだろうから、そういう意味でも投資の理にはかなっている。

よって、僕は仮想通貨よりも起業を勧める。

ちなみに、仮想通貨とどのように付き合っていけばよいかと聞かれることが多いので、ここで僕なりの考えを話す。

仮想通貨が通貨として市民権を得てきているのなら、流通比率に応じて持つのが正しい。為替のように、それ単体で利益を生み出さないものは、それで儲けようとしてもただの投機にしかならない。世界中の通貨に対する仮想通貨の流動比率が5%なのだとすれば、あなたの全財産が100万円なら5万円を仮想通貨にしておけばよい。

世の中が、例えばドル50％、ユーロ20％、円20％、元5％、仮想通貨5％だとするならば、ドル50万円、ユーロ20万円、円20万円、元5万円、仮想通貨5万円分を持っておけば、何が上がっても下がっても得も損もしない。これを1年に1度、ないし3年に1度リバランスするだけだ。

金儲けは一生付き合っていく技術だ。自分の力でコントロールしよう。

Q 親が10億円持っているのですが、それでも自分は起業すべきでしょうか？

僕は言いたい。金持ちのボンボンこそ起業しろと。

親の金を起業に使っている起業家を世の中は批判する傾向にあるが、持っているものはなんでも使うのが鉄則だ。親譲りで足の速いサッカー選手や、親譲りで体が大きい格闘家を批判する人はいないのに、なぜそこだけ批判するのかわからない。

親が金持ちなのは、自分の持って生まれた運の良さであり、それもまた才能である。

また、親や祖父が立ち上げた事業が、今の時代でも有効に儲けさせてくれる保証はない。

親が援助してくれるうちに、どんどん援助してもらったらよい。

親の会社の中で起業させてもらえば、損しても親の税金対策になるし、税理士だって親が契約しているところをそのまま使わせてもらえばよい。事業が軌道に乗ってから親元からスピンアウトしたほうが、よほど経済合理性が高い。

また、金持ちのボンボンは、事業の発想が面白い。僕みたいな貧乏人の家の子ではないから、金儲けに対する執着心が少ない。そのためか、マネタイズのポイントを後にずらした面白い収益モデルを思いつきやすい傾向にあるのだ。

そして、お金にならなさそうだけど面白いコンテンツが出来上がってきて、人が集まり、結果として金になる、みたいな事業になる場合が多い。

もちろん、ボンボンの弱点もある。苦労したことがない分、事業計画が楽観的過ぎる。しかし、失敗してもまた親から調達し、何度も再起業しているうちに本人もだんだん学んでくる。そしていつの間にか、その諦めない姿を見ることで、親以外のスポンサーも増えてきて、そんな中で事業も立ち上がっていく。育ちが良いため、みんなから好かれやすいのだ。

僕の周りにも金持ちのボンボンの2代目、3代目は多いが、みんなそろいもそろってこんな感じだ（今のところ例外は見たことない）。

金持ちのボンボンは、起業に向いているから、絶対に起業するべきだ。

ついでに言えば、容姿に自信のある若い女の子も絶対に起業するべきだ。若くてかわいければ、投資家からも取引先からもちやほやされる。その「イージーモード」の間に、しっかり経験を積み、実力をつけておくのだ。


ネット上で何度も話題になるエピソードで、こんな話がある。


【女性の書き込み】

正直に、はっきり聞きます。

私、年収4000万円以上の男性と結婚したいと思っているんです。今、私は25歳で、見た目は結構可愛いと思っていて、スタイルもよく、センスもいいと思う。欲張りと思われるかもしれないけれど、ニューヨークでは年収が8000万円という男性もザラだし、妥当かなって。

それで、このフォーラムに来ている人で年収4000万円以上の人っていますか？　それとも、みんな結婚しているんですか？

実際に年収2000万円の人とは付き合ったことがあるんですけど、それ以上の人と出会いたくって……。私が憧れているNYガーデンってところで暮らすことを考えると、2000万円の収入じゃ少ないんです。

だから、少し聞きにくいんですけど、いくつか質問です。

1、リッチで学士を持ってる人っていうのは、どこで遊んだりしてるんですか（できれば、レストランの名前とか、具体的なバーやジムの住所を教えてください）？
2、どれぐらいの年齢の人を狙ったらいいですか？
3、どうしてお金持ちの奥さんって見た目がフツーな人が多いんですか？　何人か会ったことあるけど、はっきり言ってフツー以下の人もいる（笑）。なぜなんでしょうか？
4、ズバリ、お金持ちのみなさんは、どうやって結婚する女性を選ぶんですか？

【投資家の回答】
大変興味深く読ませていただきました。実際、あなたのように考える人は少なくないと思います。私は年収4000万円以上。あなたの希望に沿っていますから、プロの投資家としてお答えさせていただきます。

要約すると、あなたは「美しさ」と「お金」を交換しようとしています。すると、そこにはひとつ重大な問題が発生します。私の収入は年々増えていきますが、あなたの言う「美しさ」は年々目減りしていくということです。私は「魅力的な資産」ですが、あなたは「値下がりする資産」。それも急激に下がっていくことは間違いないでしょう。

ウォール街では、どんな取引にも「短期保有」というものがあります。売買するものの価値が落ちるとわかれば、私たちはすぐにそれを売ってしまいます。「長期保有」することはないのです。しかし、結婚とは「あなたを長期的に保有すること」なのです。

少し言い方が悪くなってしまうけど、あなたを資産として考えた時、「短期保有」のほうが賢い選択です。もっと言えば、レンタルで十分。保有する価値がありません。年収400万円を稼ぐ人はバカではないので、あなたとデートすることはあっても、結婚することはないでしょう。

さて、アドバイスするとしたら、お金持ちと結婚する方法を探すよりも、ご自身がお金持ちになってはいかがでしょうか？

この答えが少しでもあなたの役に立てば幸いです。
そうそう、もしあなたが「レンタル」に興味があるなら、私にご連絡ください。

（「grape」https://grapee.jp/5928より。引用にあたり表記を一部変更しました）

投資家の視点からすると、「美」という資産は今後価値が減るという話なので、買収（結婚）はできないということだった。これはこれで正しいと思うが、リース契約しか手がないかと言えばそんなことはない。美という資産価値がある間に、他の資産に転換するのだ。
「美のデッドエクイティスワップ」なんて言っても誰も笑ってくれないかもしれないが、「美」を担保に資金や取引先を作り、起業して自分の資産という株に転換するのだ。
そうすれば、「美」という資産価値が減少したとしても、起業した会社の価値が今後膨らんでいくだろう。

金持ちのボンボンと美女こそ起業せよ。

僕がプライベートバンクを解約した理由

Q 会社はいくらで売るのを目標にすればよいですか？

これも非常によく聞かれる質問である。はっきり言って正解はない。会社の値段を決めるのは、あなたではなく買い手だからだ。

そうはいっても、なんか指標が欲しいだろう。ということで、29歳までに1億円を手元に残す、というのを一つの目標として掲げてみた。

ちなみに、僕は19歳の時に1億5千万円で売却している。29歳の時は5億円で売却した。ほかにも多数売却している。もちろん、買った金額よりも低い金額でしか売れず、損したこともある。

世間一般的には、1億円以上の資産を持っている人が「富裕層」、5億円以上の資産を持っている人が「超富裕層」と定義されているらしい。この定義は、誰が考えたのか知らないが、意外と的を射ていると思う。

その理由は、資産2億〜3億円を境に、金融機関の態度が劇的に変わるからだ。

会社を売って手に入れた多額の資産をどうするか。

何度も会社を売ってきた起業家ならいざ知らず、初めて会社を売却する人にとっては未知の世界だろう。ここで少し、「プライベートバンク」というものを紹介しておく。

プライベートバンクは富裕層を対象にした金融機関であり、富裕層の資産管理や資産運用に関するサービスを提供している。

プライベートバンクによって差はあるものの、外資系のプライベートバンクのサービスを受けるには、最低でも2億円以上の資産が必要だ。

具体的には、UBSとかロンバー・オディエ、ジュリアス・ベアなどがいわゆる外資系プライベートバンクだ。通常の銀行ともっとも違うのが、この「富裕層以外は相手にしない」点だろう。日本の銀行にはないような金融商品があり、為替の手数料が無料だったり、報酬の料率も安かったりと、がめつくない。営業も、「預けてください」という直接的なお願い営業ではなく、じつに上品である。

プライベートバンクにはコンシェルジュサービスなるものがあり、富裕層人脈の紹介や予約の取れない人気店の予約、表には出てこない不動産物件の紹介、子どもの留学先の世話なども行う。最近ではベンチャー企業の投資案件まで紹介してくれるところもある。そのうち仮想通貨での一任勘定運用なんてものを始めるプライベートバンクが現れたって不思議ではない。

プライベートバンクには日本の銀行に預けているより利回りのいい金融商品もあるが、それだけで莫大な儲けが出るようなものではない。元本割れの可能性のある商品もある。夢みたいな話はない。

プライベートバンクに預ける人は、金融商品に魅力があるというより、このコンシェルジュサービスのようなプラスアルファ部分に対する期待が大きいと思われる。こうしたコンシェルジュサービスを巧みに使って、顧客の身の回りのお世話をしながら信頼を勝ち取り、その結果として金融商品を販売していくのがプライベートバンクのやり方なのだ。

確かに、僕のように一発当てた成金からすると、プライベートバンカーは富裕層の世界に入るためのナビゲーター役として重宝する。

僕らが知らない富裕層の世界のお作法を教えてくれるし、仕立てのいい上質なスーツを着て、ワインとか、車とか、時計の話もできるし、相槌を打ちながら話も聞いてくれる。いっしょに飲みに行くには最高の相手だ。たとえて言うなら、資産管理や資産運用を手伝ってくれる「執事」のような人たちである。

ただ、こうしたサービスは、最初のうちは物珍しい気がするが、一通り体験してしまうと、あとはどうということもなくなる。一度紹介してもらえば富裕層の世界に自分で出入りできるようになるし、富裕層の人脈が増えればプライベートバンカーにいちいち紹介してもらう必要もない。

又聞きのプライベートバンカーよりも、実際にお金を払ってサービスを受けているこっちのほうがすぐに詳しくなってしまうのは当然だ。

そして、プライベートバンクの営業は、ネズミ講のような世界である。

外資のプライベートバンクは、日本市場に進出したり撤退したりを繰り返している。もちろん、立ち上げは大変だ。野村證券のようにガツガツしてはいけないが、その半面、預かり資産もしっかりと増やさなければならないからだ。

ガッツガッツもせず、預かり資産はしっかりと増やすために、彼らは結局どうするのか。同業者の引き抜きだ。立ち上げで新しい会社に呼ばれたら、自分の前職の部下に引き抜きをかける。自分が引き抜いた人間が連れてきた客は、自分の手柄になるというわけだ。

そうすると、最初の立ち上げで呼ばれた人間は結果を出しやすいが、後から呼ばれた人間は結果が出にくくなる。そうしたら、次の外資のプライベートバンク立ち上げにジョインできるタイミングを見計らい、よいタイミングで転職する。

なんか、このからくりがわかってきたら、僕はとたんにプライベートバンクがつまらないものに見えてしまい、長年活用してきたプライベートバンクを昨年すべて解約した。

資産も、他人に託すというハイリスクを冒しているわりにはリターンが少ない。シリアルアントレプレナーのようにお金の儲け方、増やし方を知っている人間からすると、物足りない。

先日、上場企業の創業オーナーと会食をしたときにこの話で盛り上がり、お互いの担当者をカミングアウトしたら同一人物で笑った。

僕もそのオーナーも、今や自分のお金の大部分はネットバンクに預けているだけだ。

ネットバンクは非常に良い。どこの銀行とも証券会社とも異なり、営業に来る文化がないからだ。電話で仕事が中断されることもないし、いちいち営業に来られることもない。

そもそも、起業家に資産運用などいらないというのが僕の結論だ。起業家のいわゆるバランスシートは、ほとんどがリスクの高く、流動性の高い非上場株式である。そんな資産が大半を占めるのに、さらにリターンを追い求め、流動性比率を悪くする必要はない。流動性比率の高いキャッシュで十分だ。

強いて言えば、日本で事業展開しているのであれば、円の比重が高いだろうからドルに換えておくとか、仮想通貨を5％くらい持っておくとか、そのくらいでいい。

どこかの偉い投資家が言っていたが、「卵は一つの籠に入れてしっかり見張るべき」なのだ。籠とは、あなたが作る自分の会社である。

ただ、富裕層の世界を知らない人なら、プライベートバンクに一度預けてみて資産運用をサポートしてもらったり、コンシェルジュサービスを受けたりするのも、人生経験の一環としていいのではないだろうか。

会社を売却すると、これまで縁のなかった世界を垣間見ることもできるのだ。

税金対策は必要か

Q 資産管理会社は作ったほうがいいですか？

日系の証券会社に多いのだが、IPOを目指していたり、会社の規模が大きくなってきたりした顧客に対して、「資産管理会社」を活用した税金対策を提案することがある。メリットとしては、相続税が安くなるなどいろいろあるというのだが、僕はこれにはあまり意味がないと思っている。

資産管理会社の仕組みはこうだ。現金で資産を相続させようとすると高い相続税を取られる。そのため、資産管理会社を作ってその中に現金を置き、相続側には資産管理会社の株を相続させる。現金より株の評価のほうが安いため、相続税も安くすむというわけだ。不動産を買ったらもっと安くなる。

資産管理会社は、事業の組織再編上、作ったほうが税メリットが多い場合に作る分にはいいと思う。例えば2017年10月の改正で、株式移転と分割型分割をかませた株式譲渡スキームの税メリットが高い状況になっている。このようなタイミングで会社を売却して、結果としてできてしまったというのはアリだろう。

ただ、子どものために相続税対策をしようと資産管理会社をつくっても、相続をする瞬間には会社設立時の前提条件が変わっていて、相続税対策にならないことが多い。1代継ぐならまだしも、2代継ぐとなると、そんな長期予測など正確にできないため、ぐちゃぐちゃになって逆に税金で損してしまうことが多い。

数多の会社の事業承継の相談に乗ってきた僕が見てきた範囲では、資産管理会社を使って、それが効果的に働いた例はあまりない。一般社団法人を作っておくと相続税がかからないという話もあるが、これも裏がある。相続する人間がいない場合は、国がすべてを没収するのだ。

税制というものはとてもうまく作られており、税金を浮かせたいと思ってもなかなかうまくいかないようにできている。瞬間的な税金対策ならまだしも、数十年スパンの税金対策はまず狙ったとおりにいかないと思ったほうがいい。

ちなみに、資産管理会社の設立など組織再編に関しては、うちのＴＩＧＡＬＡ株式会社は日本でもっとも強いと自負している。相談のある人は、office@tigala.co.jp まで気軽にご連絡いただきたい。

M&AとIPOを天秤にかける

Q　M&AではなくIPOでエグジットを目指すのはどうでしょうか？

ＩＰＯを目指すというのは、アリだ。大アリだ。

僕が起業したときなんかもＩＰＯを目指す人は非常に多く、「起業して5年でＩＰＯ」を合言葉にがんばっている起業家はたくさんいた。

日本では「上場企業」に対するプラスのイメージが根強い。歴史や社会的信用を感じさせるからだろう。事業が軌道に乗った際は、誰もがＩＰＯという選択肢を一度は考えるのではないだろうか。

ただ、ＩＰＯによくある誤解なのだが、ＩＰＯをした後は、自由気ままに旅に出ることはできない。

これは、Ｍ＆Ａをテーマにしたセミナーを開くと必ずと言っていいほど投げかけられる質問でもある。要は、「会社のエグジットの手段として、ＩＰＯとＭ＆Ａ、どちらがいいのか？」という質問だ。

言っておきたいのだが、ＩＰＯとＭ＆Ａは全く異なるものだ。勘違いしている人が多いので、まずその点を整理しておきたいと思う。

会社を売るということは、Ｍ＆Ａの「売り手側」になることである。Ｍ＆Ａで会社を売れば、会社の価値に見合う大金を手にすることができ、あなたの元からは事業が手離れする。自由な時間も手に入るというわけだ。

一方、ＩＰＯはInitial Public Offering（新規株式公開）の略称だ。

厳しい審査を受け、狭き門をくぐりぬけてＩＰＯをした会社の社会的信用は高まる。事業拡大のための資金調達がしやすくなるため、ベンチャー企業がＩＰＯを目指すパターンは非常に多い。

ＩＰＯは、不特定多数の株主が自社の株を持つようになることも意味する。ＩＰＯは売却ではない。資金調達なのである。つまり、株主たちから調達した資金をもとに、事業を拡大し、株価を伸ばし続けなければならないのがＩＰＯを達成した会社の使命なのだ。よって、ＩＰＯはその事業をより上手に伸ばしていく自信がある、業界でナンバーワンになるという気概と実力のある会社が採るべき経営手法である。経営者が会社を売って、その売却益と自由時間を手に入れるＭ＆Ａとは根本的に違う。

もっとわかりやすく言えば、会社を売って旅に出たい人はＭ＆Ａの「売り手側」に、ＩＰＯをして会社を成長させたい人はＭ＆Ａの「買い手側」に回ることになる。

このように、Ｍ＆ＡとＩＰＯではベクトルが真逆だ。

ＩＰＯをした後も、ある意味では世界旅行が待っている。ロードショーという名の「機関投資家巡り」だ。機関投資家たちに事業内容を説明するために、大手町やヨーロッパを細かいスケジュールでぐるぐる回る予定が詰まってくる。

もし、あなたが起業した会社をどこにも負けないくらいに成長させようと思ったときは、

IPOを積極的に検討すればよいと思う。

Q そうは言っても、IPOのほうがM&Aよりも大金が手に入るのではないですか?

実は、IPOではM&Aほどまとまった額の大金は入ってこない。

IPOするとなると、会社の時価総額が証券会社によって評価され、100億円、200億円という値が付く。

ただ、売り出せる分は、時価総額の5~10%がだいたいの相場である。100億円で上場する場合、5%で売り出せば手元に入ってくるのは5億円。そこから20%の税金を引かれて4億円ほどがキャッシュで手元に残る計算になる。

資本政策の経緯によっては、起業家自身の株保有率は希薄化してしまい、株の売り出しに回す余裕がなく、キャッシュが入らないこともある。

さらに言うと、IPO後、すぐに経営者が自社株を売るのは現実的に難しい。経営に自信がないのではないか、何か会社が問題を抱えているのではないか、と株主たちから痛くもない腹を探られることになりかねないうえ、株価が下がる原因にもなり得る。

インサイダー取引とみなされるおそれもあり、経営陣はIPOしたからと言って自由に株が売れるわけではない。

一方、非上場で会社に70億円の値がつけば、M&Aで売却した場合、70億円が手に入る。税金を払ってもだいたい2割が引かれるだけだ。同じ企業価値なら、M&Aのほうが手元に残るキャッシュは大きい。

よって、会社を売って旅に出たい人は、はじめからM&Aの売り手側になることをゴールに会社経営をしていくべきである。

TIGALA創業物語

Q なぜ、正田さんは新たなベンチャーをやり始めたのですか？

これは非常によく聞かれる質問である。

なぜ、すでに引退してもよいのに、またリスクをとって事業を立ち上げるのかと、当時の顧問税理士は何度も何度も僕に言っていた。自分ならもう絶対に引退して、仕事をせずに生活すると。

僕は冗談で、「そういう考えの人は、これだけのお金を作ることができないんですよ」と答えたが、ここらへんのことについても真面目に答えよう。

僕の起業家としてのキャリアスタートは15歳に遡る。詳細は『15歳で起業したぼくが社長になって学んだこと』(CCCメディアハウス刊)に譲るが、インターネットの登場に合わせてSEOの会社を立ち上げたのが始まりだ。

それから30代に突入するまでの10年強の間に、シリアルアントレプレナーとして多彩な経験を積んだ。多彩と言えば聞こえはよいが、成功した数より失敗した数の方が間違いなく多い。

リーマンショック以降は、多数の事業再生案件に携わり、経験を積んだ。

そこで立て直した会社を売却していくなかで、2017年に新しい事業をTIGALAでスタートした。

会社を売却してからすぐに新しい事業を立ち上げ始めたわけではない。僕は、自分を見つめなおす期間を1年以上とってから、TIGALAを立ち上げた。

これまで出会ったすべての人たちに感謝し、すべての気持ちの整理がついてから起業した、なんてきれいなことは言わない。どちらかと言えば、もう関わりたくないなと思った人たちの連絡先を削除していった。

1年間以上、いろんな人と話をして、何もせずただいろんなことを考え、自分を見つめなおす時間をとった。長期間何もせず、人生を振り返るタイミングを、僕は意図的に作った。

8年前、一度事業に大失敗したときも、僕は何もしない時間を作った。

その時は、二度と同じ失敗を繰り返さないように、どんな経営判断が今の状態を招いたのか、次に同じ状況になったらどう行動すればよいのか、自分が身につけておかなければならない知識は何だったのかを振り返り、自分をレベルアップさせるための時間に費やした。

それから6年たち、また自分を振り返るタイミングがやってきた。

正直、引退ということも、しようと思えばできるタイミングだったので、また事業をやるかどうかについては真剣に悩んだ。

起業して事業を立ち上げるのはエキサイティングな行為だ。ただ、エキサイティングというのと楽というのは異なる。倒産のリスクだってあるし、せっかく数年かけて築き上げてきたものがなくなってしまうリスクだってある。

人間、本来入ってくるお金が入ってこないことよりも、入ってきたお金を失うほうが精神的なダメージは大きい。10代や20代前半の頃と違い、家族もある。子どもだっている。

このタイミングで何を選ぶかによって、全く異なる新しい人生がスタートする。やり直しはきかない。正直なところ、今回、新たな事業を始めるのは、今までの起業人生の中で一番怖かった。

しかし、こうも思っていた。野球をやっている小中学生は誰もが甲子園を夢見る。県大会ベスト8を目標にする子どもはいない。

会社経営の世界で言うと、甲子園で優勝したのが孫正義。世界に出ればビル・ゲイツやジェフ・ベゾス、マーク・ザッカーバーグらもいるなかで、自分はまだまだ草野球の世界しか経験してない。ビジネスの世界に早くから生きてきた以上、やっぱりメジャーリーグの土を踏みたい。

どのような会社を立ち上げればメジャーリーグに参戦できるのか。中古品の買い取りサービス、エネルギー事業、仮想通貨取引所など、20以上のビジネスを考える日々が続いた。

真の手がかりとなるものは、自分の15年前の体験の中にあった。

日本の金融機関は、起業したばかりの自分に見向きもしなかったことをふと思い出した。2005年当時、ベンチャーという言葉自体が受け入れられず、「学生で起業？　学生時代に会社を売ったってどういうこと？」と全く理解を示してくれなかった。

そこで外資系金融機関との付き合いが始まったが、それでも的を射たサービスは受けられなかった。

投資銀行は、案件を紹介して実現させ、その手数料で潤う。でも、僕が本当に欲しいのは、どう案件を手がければよいかのＨＯＷであり、ＷＨＹなのに、回ってくるのは分厚い案件概要書ばかり。

しかも、成功報酬型の商売のため、大手ばかりにサービスが集中し、知識もお金もなく困っていて、将来の成長のために投資銀行サービスを本当に必要としているベンチャーや中堅企業までサービスが行きわたっていないことに気が付いた。

そこで、ミドルマーケットの案件を活発化させると同時に、投資銀行業界のビジネスモデル自体を破壊しようと思い、その事業をＴＩＧＡＬＡで行うことにした。

投資銀行業界に一番足りないのは透明性である。どういう構造なのか、誰も教えてくれない。また、投資銀行のビジネスモデルは全て、根本的に利益相反だ。

この案件に手を出すべきか？　Go or Not go の意思決定を、誰もサポートしてくれない。

投資銀行×テクノロジーで投資銀行業界に創造的破壊をもたらしたいと思い、事業計画を練った。

ＴＩＧＡＬＡは、一言で言えばＩＢテック企業（投資銀行×テクノロジー）として戦う。コンシューマー向けやスモールビジネス向けのフィンテック企業は、この数年で非常に増えてきた。しかし、BtoB で真剣にこの領域を取りに来ている企業はまだ存在しない。わずかにいるとしても、スモールビジネスオーナー向けの BtoB だ。

投資銀行が何なのかは、意外と知られていない。投資銀行を知らない人たちのために、僕がやろうとしていることをなるべくわかりやすく説明してみる。

投資銀行は、一言でいえば企業間の契約のアドバイスを生業としている。Ｍ＆Ａとか、資本提携とか、そんな話の媒介をする。

昔は、どの企業が何をやっているかなんてお互いにあまり知らなかったから、そのような仲介人は貴重だった。それに、金融なんてものがすごいスピードで発展し、企業も自分たちが市場に対して何をやっているのか確信を持てなかったため、確認してくれる人が必要だったのだ。これをやっていたのが、ゴールドマンサックスとかリーマンブラザーズという会社である。

でも、今は企業同士のネットワークがインターネットを通じて距離の近いものになってきて、単純な情報の仲介者はだんだんと価値がなくなってきてしまった。仲介という業務の性質上、ある程度の情報の非対称性がないと成立しないのだ。「あの会社の社長を紹介します」と仲介者が言っても、「あぁ、その会社の社長とはゆうべ一緒に寿司食ったよ」なんて言われれば、仲介者の意味はなくなってしまう。

では、投資銀行が付加価値を出すためには、今後どうしたらよいのか。

投資銀行自らが、新たなマーケットを作っていかなければならないのだ。いかに非対称性が高く、面白いマーケットを作れるかが、これからの投資銀行の腕の見せ所なのである。

そのマーケットも、プラットフォーム上なのか、契約なのか、ブロックチェーンなのか、いろいろ作り方がある。今後、情報の非対称性をプレミアムに感じることができるようなコミュニティ作りが、投資銀行のビジネスの核になっていく（と僕は考えている）。

投資銀行業界は、この10年で大きく変貌を遂げるだろう。フィーの発生の仕方、求められる能力が大きく変わってくるはずだ。

今、僕が手掛けている、pedia、ＡＩの開発、中学生起業家育成プロジェクト、仮想通貨事業など、すべては新たな投資銀行のビジネスモデルを提示しているものだ。

日本だけではなく、グローバルを見渡しても、競合他社は今のところ存在していない。もちろん、ここは誰もいないブルーオーシャンで、甘い蜜がたくさん吸える市場というわけではない。参入障壁が高く、皆がやろうともしない、険しいブルーオーシャンであることはわかっている。だからこそ、ＴＩＧＡＬＡが挑戦する価値があると思い、２０１７年に本格始動した。

今まで15年間、一度も入れたことのないＣＦＯも会社に引き入れた。リノベーション領域のベンチャー「リノべる」ＣＦＯとして同社の急拡大を支えた湯瀬幾磨も、ＴＩＧＡＬＡに副社長兼ＣＦＯとしてジョインした。

投資銀行業界で、業界変革を成し遂げていく。

今回、数年間を振り返ってみて思ったのは、自分は何のためにお金と時間を手に入れたのかということだ。

いろんなシミュレーションをしたところで、お金はどれだけ持っていても、なくなる時はなくなる。

では、お金がなくなったらどうすればよいか？

サクッと起業して、サクッと売却するしかない。起業とは、お金がなくなったときのための技術でもあるのだ。

サクッと起業してサクッと売却する技術は、早めに人生を勝ち抜けて、残りの人生を保守的に生きるためのものではなく、今後の人生を、より大きくリスクをとって挑戦していく人のためのスキルである、ということに今さらながら僕は気がついた。

僕の30代の目標は、このＴＩＧＡＬＡ株式会社で東証一部に上場することである。

一発で成功する気ではあるが、楽な道だとは考えていない。挫折もすれば、お金がなくなって苦しむことだってあるかもしれない（本当に避けたいことではあるが）。

でも、僕は挑戦し続ける人生を送りたいと考えている。

ハイリスクな環境に身を置き、とことん勝負を仕掛けていきたい。

PART2

実践編

〔第4章〕

起業の本質はコミュニケーション戦略

起業家人生は、楽しい。これは自信を持って言える。ただし、楽しいことばかりかというと、決してそんなことはない。起業は苦しいことも多いから楽しいのだ。

ここでいう**「起業が楽しい」とは、「楽ちん」という意味ではなく、「エキサイティング」という意味**だ。

起業は年々やりやすくなってきている。日本はまだ起業しにくいとか、海外と比べれば……などと言っている人もいるが、本当に起業はしやすい環境に変わってきている。

まず、起業に対するリスクが下がっている。

昭和の時代には、借金が返せなくて自殺する経営者だっていた。しかし今のベンチャー起業家は、図々しくも借りたり出資を受けたりしたお金が返せなくなったからと言って自殺まではしない。むしろ事業に失敗したと同時に新しい事業計画を持参し、「もう一度チャンスを！」と迫ってくるのが今どきの起業家だ。

某有名起業家が、某有名ベンチャーキャピタリストに、ピボットする際に土下座させられたなんて話は実際に聞いたことがあるが、それ以上のことは聞いたことがない。まあ、そもそもベンチャーキャピタリストの金を起業家が溶かしてしまったからといって、本来謝罪する必要もないのだが……。

もっと昔の話をしよう。500年以上前の話だ。コロンブスとかが生きてた時代だ。**この時代は、起業家は社会的弱者だった。なんてったって、航海させてもらう代わりに、リアルに命を賭けなければならなかったのだ。**

つまり起業家とは、本質的には弱者だったのだ。当然のごとく、投資家に命を賭けさせられていたのだ。さすがにこのような時代だと、「サクッと起業したら?」とは無責任に言えないが、今はそんなことはない。

ただ、**何はともあれ起業したら、生き抜かなければならない**ことは現代でも変わりない。

抜け目なく戦略を練ることが必要だ。

サクッと起業してサクッと売却するまでの間は、起業家たちはプライドを捨てて必死に生き残らなければならない。

起業の戦略というものを考えると、僕は、**起業の本質はコミュニケーション戦略にある**と思う。

投資家とのコミュニケーション、顧客とのコミュニケーション、従業員とのコミュニケーション、役員とのコミュニケーション、付き合う業者とのコミュニケーション。会社を売却するときには買い手とのコミュニケーションも必要だ。

起業においては、コミュニケーションを成立させられるかが勝負である。

第4章を進める前に少し前置きをしておくが、正直、ここから先の話は個別性が非常に高い。そのため、すべてを網羅できるわけではない。起業から売却までのことで真剣に相談したい人は、直接僕に連絡してほしい。

では、第4章を始めよう。

起業のアイデアはコピペでよい

起業を足踏みしてしまう理由のうち、最も多いのが「アイデアがない」ということだ。

たいていの場合、最初の起業では資金もないので、「調達する」必要が出てくる。

何の事業をやるかすら決まっていない状態では、さすがに投資家とコミュニケーションが取れない。

「どんな事業をすればいいかわからない」「起業のアイデアがないから会社経営なんてできない」という理由で初めの一歩が踏み出せない人もいるだろう。

僕に言わせれば、この点についても心配はない。

なぜなら、**起業にアイデアは必要ない**からだ。

特別な才能をもった人だけが起業するわけではないし、世界を変える画期的なアイデアや独創性、創造力もなくていい。

起業するときは、まず儲かっている商売、成功している人の「真似」から入るのが正解だと僕は思っている。間違っても、自分で気の利いたアイデアを思いつこうとしないことである。

起業経験もない人が、儲かるビジネスのアイデアなど思いつくわけがないからだ。

「ニッチな分野で、刺さる尖ったビジネスモデルが強い」という考え方自体は間違っていない。ただ、あなたが考える「ニッチで尖ったビジネスモデル」が、本当にニッチで尖っているのかを証明する手段がどこにもないのだ。

気の利いたアイデアだと自分では思っていても、自分が知らないだけですでに実現している会社があったり、そのビジネスモデルではうまくいかないことがすでに証明されていて今はもう撤退していたり、という場合が多いものだ。

素人の思いつく起業アイデアは、だいたいそんなものである。

起業初心者に「ニッチで尖った戦略」は作れない

すぐれた戦略はシンプルかつ間口が広いものだ。

ランチェスター戦略に代表されるマーケティング理論の影響か、ニッチな市場にこだわる人もいる。

しかし、これは起業初心者が真似できる芸当ではない。業界に精通しなければ、ニッチかどうか、尖った戦略かどうかなんてわかるわけがない。

起業したばかり、あるいは新規事業の立ち上げ時には、それなりの勉強コストを払わされることを覚悟しておこう。

起業当初は、間口を広く取っておき、状況に応じて柔軟にピボットを繰り返しながらニッチな市場を探ったほうがいい。多少時間はかかるが、いきなりニッチな市場をめざして間違った方向へ行ってしまうよりはマシだ。

僕の感覚だと、起業から事業内容の絞り込みには、短い人で1年、長くて3年ぐらいかかる。そのためにもシンプルで幅広い間口を取り、状況に応じて柔軟に方向転換できるような仕組みにしておくことをお勧めしたい。

ビジネスモデルを考えるときに必要なのは、アイデアではなく情報である。

「帝国データバンク」を本のように読む

そもそも、真似るのは悪いことではない。「学ぶ」の語源は「真似ぶ」、つまり「真似る」「真似をする」から来ている。門前の小僧は、和尚さんから直接お経を習うのではない。門前で掃除をしながら、和尚さんが毎朝唱えるお経をこっそり聞いて学ぶのだ。

新しいことを学ぶには、まず形を真似するのが一番なのである。ただし、完全なるパクリはダメだ。ホームページのデザインやサービス名のロゴマークがそっくりなのはアウトである。ビジネスの仕組みを真似よう。

では、どう真似すればいいか？

まずは身近なサービス、身近で儲かっている会社を探してみよう。

探し方にもコツがある。

上場企業の「有価証券報告書」や、それらをインターネット上で閲覧できる金融庁の「EDINET」がある。海外事例を知りたければ、世界中のベンチャー企業の情報がストックされているデータベース「クランチベース」など、いろんなツールがあるからどんどん活用すべきだ。

僕は昔、「帝国データバンク」を本のように読んでビジネスのネタを探していた。

帝国データバンクのいいところは、読めば専門知識がなくても理解できることである。その会社の創業期から現在の事業内容までが、ストーリー仕立てで載っている。とてもうまくできた読み物だと思う。帝国データバンクの社員が足を使って取ってくる生の情報なので少々値は張るが、起業を考えているのならぜひひとも読んでほしい。

これで、儲かっている会社とそうでない会社を見つけていく。自分がよく利用する身近なサービスを提供している会社、儲かっていそうな会社、最近頻繁に名前を耳にする気になる会社のデータを、複数社分取り寄せてみよう。自分のやってみたい商売、なりたい社長像から会社をピックアップしてみてもいい。

なぜこんな商売が成り立っているのか？

どうしてこの店が繁盛しているのか？

そんな疑問や好奇心を持ちながら見ていくと学びが多い。

派手に儲かっているイメージがあったものの、データを見てみると意外と儲かっていない会社があれば、地味だけれど儲かっている会社もあるとわかるだろう。

じっくりと見て、その会社のホームページや検索で引っかかる記事を読んでいくうちに、出資先や主要な仕入先や取引先にも気がつくようになり、その会社の商売の全体像が見えてくるはずだ。

起業に必要なのは、突飛なアイデアや独創性、想像力ではない。業界や業界構造に関する知識、市場のニーズに対する認識力、状況を分析し意思決定する判断力だと思う。僕は、そのベースとなる前提知識を帝国データバンクから学んだ。

まずはこうして、真似したくなる会社や事業を探してみよう。

そして、いいと思った会社やそのビジネスモデルを、積極的に真似していこう。

すでに儲かっている会社の型を学び、半年なり1年なりその通りにやってみることで、この分野ならこう工夫しよう、この事業ではシェアを取れなかったけどここにニッチな需要がありそうだ、などと見えてくるものがあるはずだ。

起業はとにかく情報戦だ。情報を制するものが起業を制する。はじめて起業して、情報がない人は、とにかく情報に投資しろと言いたい。ネットに落っこちている無料の情報だけで事足りるような虫の良い話はない。本を買う、有料メルマガを購読する、noteに課金する、セミナーに通う、コンサルを受けるなど、とにかく情報に投資するべきだ。

特に、お金のない時ほど情報に投資すると良い。情報がないから金がなくなってしまっているのだ。

僕は、15歳で株取引を始めたとき、元手は20～30万円ほどしかなかったが、そのうち10万円は書籍代に費やした。資産の30～50％相当を情報に投資したのだ。1冊3万円もするような書籍だって購入した。

だからこそ、うまくいったのだと思う。世の中、知っているか知らないかだけで片付けられることは多い。情報に投資するのをケチらないことだ。

「完全コピペ」で成功したドイツの企業

ここで、徹底的に真似をすることで成功を収めている事例を紹介しよう。

2007年に創業し、インターネットビジネスのスタートアップを200社以上手がけてきたロケット・インターネットは、既存サービスの完全コピー、つまり「真似」で有名なドイツのベンチャーキャピタル（VC）である。

オンライン小売大手のアマゾン、靴のサイトとして知られるザッポス、民泊サービスのエアビーアンドビーの真似としか思えないeコマース事業を世界各国で立ち上げ、出資し、成功を収めてきた。日本のアパレルECサイト、ロコンドも同社から出資を受けて設立された。

ロケット・インターネットは年間10社以上の企業を立ち上げるそうだが、半年以上真似してもうまくいかなければさっさと見切りをつけ、また新たに儲かりそうなビジネスモデルを立ち上げる。もちろん、これらも既存サービスの真似である。

なんとも顰蹙を買いそうなビジネスだが、これがうまくいっているのだ。

起業にアイデアはいらない。真似で十分であることがおわかりいただけただろうか。

こうなるとさっそく事業を立ち上げたいところだが、ここで注意したいのが、**起業早々に事業分野を絞り込まない**ことである。

ニッチで尖ったビジネスモデルがいいからといって事業を絞り込み過ぎたり、複雑なビジネスプランを立てたりすると、予想が外れてうまくいかなかったときに方向転換ができなくなる。非常にリスクが大きい。

立ち上げてからしばらくは、事業の間口を浅く広く取っておこう。はじめは単純で包括的なプランでいいのだ。

「これからは動画が来そうだから、動画の事業にする」

「今後はスマートフォンが普及するから、アプリをつくる事業をやる」

これぐらいのゆるい感覚で決める。事業がうまくいき、業界の状況がわかってきたら、ニッチなところに絞り込めばよい。

ただし、**方向性自体が間違っていると、いくら間口が広い事業でも致命的となる**。大きなトレンドだけは見誤らないようにしたい。

そのためには、人口推計など短期間で大幅に変わることのないデータ、信憑性の高い指標を参考にして事業を考えるのもおすすめだ。

「今後は少子高齢化が進むから○○○なビジネスモデルを作ろう」

こんな感じでやったほうが、予想が外れにくい分、手堅いビジネスモデルを描けると思う。

それからもう一つ。

僕がアイデアは真似をしろと言っている最大の理由は、類似企業がないと投資家とコミュニケーションをとりづらいからだ。

投資家は利益を得るために投資をしている。エンジェルの個人投資家だろうが、ベンチャーキャピタルだろうが、その点は変わりない。

ある程度事業イメージが湧かないと、彼らの判断にも支障が出る。

仮にあなたが優れた事業モデルを思いついたとしても、資金調達が必要ならば、投資家にやろうとしていることを正しく理解させる必要がある。どんなにあなたの考えが正しくても、どの投資家も理解できないなら、その事業で資金調達はできない。

その際に、「海外のこの企業と似ているんです」「うちは○○業界のガリバーです」「この事業は○○をリプレイスしています」と一言で言えると、収益モデルや成長性のイメージが湧きやすい。やっぱり、一言で共通理解を得られるというのは、強いのだ。

ただ、これも相手の担当者にもよるし、相手がエンジェルなのか証券会社なのかVCなのかによっても、刺さるもの、刺さらないものが出てくるだろう。

そういうわけで、起業当初はざっくりとした事業内容にしておく。そして、方向転換を柔軟に繰り返し、小さな成功を積み重ねながらオリジナルな事業内容を投資家たちと一緒に探っていくことをおすすめしたい。

これは、単なる真似に過ぎないかもしれないが、しっかりとした投資家とのコミュニケーション戦略でもある。

この項を読んで、「なんだ、人の真似をするのかよ」と思った人がいるかもしれないが、そもそも人の真似をすることって難しい。イチローのバッティング動画を見て、あなたは完コピできるだろうか？

優れたビジネスモデルを真似することは非常に難しい。いざ真似をし始めると、表面的に真似をするだけではだめで、裏でどのようなことが行われているのかをしっかりと見抜かなければならないことがわかる。

起業アイデアは、良い手本の真似をしながらセンスを磨いていこう。

―事業計画は必ず言語化しろ―

おぼろげにでも、どんな事業を行うかが決まったら、次にやるのは「事業計画」の作成である。

事業計画なんて作らなくていいという人もいるし、実際に作っていない会社も多いが、僕はこれには反対である。

後々、会社を売りたいのであれば、事業計画は必ず作ろう。そして、必ず言語化しよう。

事業計画は事業の設計図であり、地図である。事業計画がないと、その事業がうまくいっているのか、そうでないのか、予想と違うことがあるならそれは何なのかを判断することができない。

資金調達の計画を練るためにも、その基となる事業計画は不可欠である。

さらに言えば、会社を売却するというゴールがあるのなら、事業がきちんと成長しているのかを測るため、なおさら作っておくべきだ。事業計画がないと、M&Aの際、買い手に安心感を持ってもらえず、買い手がつかなかったり、売却時に会社の価値が下がったりする。

M&Aで売却価格を決める際には、ディスカウントキャッシュフロー法（DCF法）が使われる。現時点でどれくらいの稼ぎを生み出すかを基に、その会社の将来性まで含めた現在価値を算出するやり方である。

事業計画がなければ、将来生み出される可能性のある利益を算出できないため、一過性の投資や、今後の展開で得られる利益が売却価格に正しく反映されなくなってしまう。会社の将来性を勘案してもらう意味でも、精度の高い事業計画を作り慣れていたほうがいい。

最後の最後に、その年の事業計画の精度が売却金額を左右することだってあるのだ。

短期間で作り、見直しに時間をかける

僕が事業計画作りで心がけているのは、まず最初のたたき台をごく短期間で作成することだ。作成には時間がかかるものなので、ぼちぼち作ればいいかと思っていてはなかなか完成までたどり着けない。

初めから完璧を目指すのではなく、まずは素早く完成させよう。

それが事業計画作成の第一のステップだ。

たたき台ができなければブラッシュアップにもかかれない。そのブラッシュアップにもかなりの時間を要する。完全なるものを目指してゆっくり作っていくより、たたき台をスピーディーに作り、その後のブラッシュアップに時間をかけるほうが効率的である。

フェイスブック創業者のマーク・ザッカーバーグは、社内にこんな言葉を掲げているという。「Done is better than perfect.（完璧を目指すより、まず終わらせろ）」

事業計画に関してもこの精神でいこう。

ありがちなのが、一度作ってその後は放ったらかし、というパターンである。

事業計画は、事業の進み行きを見ながら絶えず作り変えていくべきだ。月1回、年に4回などと頻度を決めて定期的に見直し、その都度改善を図ろう。

ここで、僕の事業計画の作り方と、ブラッシュアップの方法を紹介する。

まず、短期間でたたき台を作成したら、最初のうちは2週間に1度は見直しをする。業界の変化や気がついたことをメモとして盛り込んでいく。

そして、年末年始やお盆休みなどまとまった時間が取れるときに、丸2日ほどかけて大幅に見直す。

見直しのやり方は工夫したほうがよい。社外から専門家を招き、その方の意見をもらいながら事業計画を見直すのはおすすめだ。

僕はこれを「壁打ち」と呼んでいる。

ITの専門家とITの観点からディスカッションをしてみたり、同業の人を招いて同業者の視点から意見をもらったりすることもある。

自分たちが事業を展開している業界はもちろんだが、その周辺の業界も刻一刻と変化する。意識的に定期的な見直しを行い、外部の意見を取り入れることで他社動向や業界の変化をつかむ。その繰り返しで事業計画の精度を上げていくのだ。

事業計画の定期的な見直しには、客観的な目線を保つ役割もある。

賛否両論あるとは思うが、事業計画を作るにあたっては、なるべく「派手なもの」を作るのがよい。いったん事業計画を決めてしまうと、そこがゴールポイントとなり、それ以上の実績をあげることは難しくなるからだ。

堅実に作るのも一つの方法だろう。しかし僕は、可能性を最大限に考慮した上で、なるべく大きな目標を設定したほうが社員の意識が上向きになり、事業立ち上げのスピード感も変わってくると考えている。

目線の高さで、結果は変わる。よく「ベンチャー企業が、中身は何も変わっていないのに、事業計画を作り直しただけでバリュエーション（時価総額）が高くなるのはおかしい」という人がいるが、それは違う。

直線を引くにしたって、スタートの角度がほんの一度ずれるだけで、線を伸ばしていけばいくほど最終的にはとんでもない差が出てくるのだ。

マインドセットの差で評価が変わるのは当然である。

そういう意味では、「適切な妄想力」は事業計画の策定においてはすごく大事である。

また、事業計画の壁打ち相手には、どこかのタイミングで投資家候補者も交ぜておくとよい。ある日突然、ガチガチの資料を切羽詰まった感じで持ってこられてＹＥＳかＮＯかを迫られるよりも、一緒に作っていった計画の方が投資家側も愛着がわく。

これも投資家とのコミュニケーション戦略なのである。

ちなみに、僕が事業計画を作る場合は、最初はかなりおぼろげに作る。

とくに新規事業計画を思いついたときなど、綿密に下調べしたわけでもなく、人づてにその事業にまつわる話を聞いたとか、どこかのウェブ記事で面白そうなものを見たとか、そのくらいのレベルからスタートするわけだ。

事業計画を立てて、やると決まってから猛勉強することの方が多い。

進めていくにつれて、ぼんやりとした像がだんだんと形を帯びてくるのだ。

優れた起業家は「ピボット」をおそれない

起業家は「ピボット」が大事である。

ピボットとは、バスケットボールの用語にもある言葉だ。片足を軸として固定しつつ、もう片方の足を全方位に動かして相手のリズムを崩し、パスやショット、ドリブルといった次の動作に移りやすくするための動きである。

起業すると、**まず事業計画どおりに事が進むことはない**。想定外、予定外のことが起こり、思わぬトラブルが降りかかることもある。そんなときに硬直していては、物事は解決しない。

想定と違うことが起こったならば、戦略を柔軟に変える。場合によっては事業内容自体を見直すなど、迅速にピボットをすることだ。それが事業を長続きさせるコツである。

最初に起こした事業をなんとしてもやり遂げなければいけないということはない。起業家はビジネスの世界で生き残り、成功することが大事なのだ。

例えば、dely株式会社代表取締役の堀江裕介氏、ココン株式会社代表取締役社長の倉富佑也氏は、いずれも1992年生まれの起業家だ。

2人とも学生時代に起業し、ピボットを経験し、その後の事業で飛躍した。

優れた起業家はピボットが得意である。

堀江氏は起業当初に始めた出前のポータブルアプリをやめて料理動画レシピのサービスをスタートさせ、今や世界最大級のレシピ数を誇る料理動画サイトに成長させた。

倉富氏は中国でベーグル専門店を出店し、一時は成功したもののトラブルが発生して撤退。その後、ソーシャルゲーム向けのイラスト制作事業をメインとする会社を立ち上げ、現在はサイバーセキュリティやクラウドソーシングの領域で事業を成長させている。

今年失敗しても来年成功したら「成功者」

生き残るためにはつまらない見栄を張らないことだ。

例えば、事業が赤字になっているのに、その事業をストップさせるのが恥ずかしい、周りにどう思われるか、取引先に迷惑をかけるかもしれない、などの感情は、意思決定を遅れさせる原因になる。

判断が遅れれば、結果的にもっと迷惑をかけてしまうことにもなりかねない。時と場合によっては、人に迷惑をかけることもおそれないことだ。

期せずして周りに迷惑をかけてしまうことがあっても、次の年に成功していれば、あなたは「成功者」と言われるだろう。ビジネスの世界とはそういうものだ。

もちろん、むやみやたらに迷惑をかけていいと言っているのではない。

しかし、自分の体裁だけ考えて意思決定を先送りにしても誰も喜ばない。あなたの信用も結果的にガタ落ちになってしまう。

人の評判は気にしない。

人に迷惑をかけても気にしない。

人と揉めることをおそれない。

起業家には、いい意味での頑固さも時には必要なのだ。

起業した瞬間から2つのゲームが始まっている

ここでは投資家とのコミュニケーション戦略という点から話をさせてもらっているのだが、よく起業初心者が混乱しがちな話がある。

投資家としての観点から考えているのか、代表取締役としての観点から考えているのか、ぐちゃぐちゃになっていることがよくあるのだ。

起業が持っている独特の世界観ではあるが、あなたが起業したとしたら、その瞬間から2つのゲームが同時に始まるのだ。

イメージしていただきたい。起業した瞬間に目の前に2つのボードが並べられ、同時に2つのゲームが始まる。代表取締役としてのゲームと、株主としてのゲームだ。

ここで重要なのは、**サクッと起業してサクッと売却する皆さんが重視すべきは、株主としてのゲームの方である**ということだ。

会社経営が始まると、代表取締役の○○ですと自己紹介することが多く、自分は代表取締役であるという認識が強まってしまうのかもしれないが、自分は代表取締役という存在である以前に株主なのだという自覚を強く持とう。

実際、役員報酬としてのゲームを本戦だと考えてしまうと、しんどい。はっきり言うが、役員報酬で資産形成しようとしても、なかなか資産は増えない。税金は増え、支出も増え、急な出費でもあろうものなら、年収1000万円だろうが3000万円だろうが貯金なんてできやしない（そもそも年収3000万円で貯金の多い人なんて見たことがない。芸能人やスポーツ選手でも、年収が高くても貯金がたいしてない人は山のようにいる）。

資産形成したいなら、どこかで一発ガツンと稼がないと、お金なんて貯まらないのだ。チャリンチャリンとお金が入ってきても意味がない。ワンショットで稼ぎ切らないと、手元にお金なんて残せない。

株主としてのゲームが本戦なんだと気持ちを切り替えよう。

これはどういうことかというと、サクッと起業して、サクッと売却するには、会社の値段を常に客観的な視点で見ていなければならないということである。

株主の立場に立ち、自分の経営する会社を俯瞰的に見て、現在の価値を常に値踏みしなければならない。もし、あなたが上場企業の株を買ったら、常にその企業の株価をチェックして、いまどうなっているか確認するだろう。

自分の会社もそうすべきだ。

あなたは、代表取締役という視点も持ちながら、株主の目線も持ち、会社が今どういう状態なのか、売り時なのか、そうでないのか、会社を一つの「商品」として見ることをしなければならないのだ。

いつか売却することを考えるのなら、経営者としてではなく、株主としての目線を大切にすべきである。

初めて起業した人は、「資金計画」を気にしがちだ。これは代表取締役の観点からの話だ。株主としての視点でもある「時価総額（バリュエーション）」や「持ち株比率」も、資金計画と同じくらいよく考えよう。

お金には2種類の色がある

資金調達の方法は、大きく分けると、銀行借入か投資家からの出資を受けるかのどちらかだ。ただ、そこにはバランスが必要である。

銀行借入は「デット」と呼ばれ、ＶＣや個人投資家から出資を受けることは「エクイティ」と呼ばれる。

銀行借入、すなわちデットは、私たちが通常イメージする「借金」と思えばいい。お金を借りたら、利息分を含めて月々の返済額を地道に支払っていかなければならない。返済が滞ると信用問題にかかわる。最悪、そこで事業がストップということにもなりかねない。究極的には自己破産の可能性もある。

ただし、コツコツと支払っていけば何の問題もない。借入金のおかげで事業が成功し、大きな利益を出した場合でも、銀行に配当を渡す必要はない。

対して、ＶＣや個人投資家からの出資は、エクイティという。

出資してもらった会社側は、出資金を返済する必要はない。その代わり、出資金に見合う株を渡し、出資側に株主となってもらう。利益が出たら、その分の配当も渡さなければならない。

デットだと調達コストは安いが、支払いができない状態に陥ったときがこわい。また、リスクの高いことに挑戦する場合は銀行も容易にお金を貸してくれないため、エクイティで調達せざるを得なくなる。

エクイティで調達すれば投資家に株を渡さなければならないし、業績に応じて配当も出さなければならない。もちろん、会社を売却したときの利益もシェアすることになる。

株主はベンチャー企業に出資するというハイリスクを冒しているのだから、企業側もそれ相応の対価を払うことになる。資金調達のコストは当然、デットよりも高くなる。

このように、借入にも出資にもメリット、デメリットがある。**双方のバランスを取りながら無理のない資金計画を立てつつも、自分の持ち株比率や株価からも決して目を背けてはならない。**

サクッと売却したくても、自分の持ち株比率が少なければ売りに出せないことだってある。自社の株は、9割以上保有しておいた方が、M&Aはやりやすい。

高値で資金調達するリスク

資金調達するときに、バリュエーションを安くしすぎるのも高くしすぎるのも両方リスクがある。

調達金額が高すぎると、それ以下の金額で売却しづらくなる。投資家が損をしてしまうため、売るのを嫌がる。また、時価総額があまりにも高いと当然買い手もつきにくい。

逆に、バリュエーションが低すぎるとダイリューション（希薄化）を起こし、議決権が少なくなってしまう。

M&Aエグジットを目指して起業したのなら、調達（希薄化）には慎重にならなければならない。

ベンチャーキャピタルは多くの会社を見ている分、シビアなバリュエーションになりがちだが、エンジェルや事業会社はこなしている事例数が少ないため、だいぶ高いバリュエーションをつけてくれる傾向がある。

しかし、自分の会社に10億円もの価値がないのに、交渉でがんばりすぎて10億円調達するといった無理をしてしまうと、次に調達しようと思うタイミングや、売却しようと思った時に思わぬ足かせになってしまうこともある。

ＩＰＯをする際のダウンラウンドは、今後株価が伸びるということから割と受け入れてもらえる傾向にあるが、Ｍ＆Ａでエグジットする際のダウンラウンドは損失が確定してしまうため、なかなか受け入れてもらいづらい。

経営に必要な知識をどうやって身につけるか

起業家にはファイナンス周りの勉強が欠かせない。起業したら、まずはファイナンスの知識をつけることをおすすめする。もっと言えば、**起業家の必須科目は、ファイナンス、会計、法務、税務**だ。

これらがわからないと、ルールをわからずにゲームをプレイするに等しい。

起業家は自分に必要な知識を、自分で都度考えて身につけ続けなければならない。

しかも、単に知識を頭に入れるだけではなく、これらを実地の経営に落とし込んでいかなければならない。これはもう、学んで試す、失敗しては軌道修正する、を繰り返すことでしか身につけることはできない。

もちろん、専門知識をもつ社員や、外注先となる専門家の力を借りながら打開していくことはできるが、自分に一定の知識が存在しないと、誰にどのようなことを頼めばよいかすらわからない。

また、こうしたわからないことがある局面で、どれだけ知識やノウハウを吸収するか、意識的になるかならないかで、その後の起業家としてのあなたの伸び代は大きく変わってくる。「わからない」をわからないままで済ませていてはならないのだ。

勉強の方法としては、本を読むとか、セミナーを受けるとか、いろいろな手段があるだろうが、**僕がおすすめするのは、自分の会社の外注先に教えてもらうこと**だ。どうせお金を払っているのだから、身近にいる専門家を使いこなせばよい。

起業してまず付き合いの出てくる専門家といえば、税理士が挙げられる。ほかには、弁護士や弁理士もそうだし、士業以外ならシステム開発会社やPR会社なども挙げられる。

これらの専門家に、同じ金額を払っていかによいサービスを受けられるか、言い方は悪いが彼らをいかに使いこなすかは考えたほうがいい。お金を払ってあとは丸投げ、ではもったいない。

「ちょっと図々しいかな」と思っても、頼みたいことがあればダメ元でお願いしてみたらいい。

わからないことがあれば遠慮せずに質問しよう。

得られるものはどんどん吸収しよう。

例えば、僕は駆け出しの頃、顧問税理士に無理を言って、決算書と法人税申告書を一期分だけ自分で作らせてもらった。

今でこそ税務・法務・会計のプロフェッショナルとして活動しているが、10代の頃の僕は、これらの分野に苦手意識があった。

決算申告書の読み方もよくわからなかったし、複数ある別表の違いや、勘定科目内訳明細書の意味も役割もいまいちわかっていなかった。

しかし、法人税申告書は自分の会社のすべてが書いてある重要な書類だ。会社を売ろうと思ったら、ある意味、決算申告書が会社のメインの商品だ。

会社を売却する身として、この中身を理解していないのはまずいと思った。

そこで顧問税理士に、作り方を教えてほしい、さらに今期一期分は自分に作らせてほしいと頼んだのだ。税理士からすると非常に面倒な客だったと思う。税理士がやれば、事務所のメンバーと分担して終えられるのに、人に教えるとなると大変な手間がかかる。

何度か断られながらも、僕は無理やりお願いして、わかるまで丁寧に作り方を教えてもらった。おかげで、決算書や法人税申告書に対する苦手意識が消えた。書類の役割が理解できたし、作り方もわかった。

自分がどれだけのノウハウや工数に対して顧問料を払っているのかを把握できたのも収穫だった。税理士とは、自分には到底理解できないものすごい知識をもった人だという思い込みが消え、対等に交渉できるようになった。

そういうわけで、専門家は遠慮せず、どんどん活用すべきだと思う。

図々しいかなと思っても、相手からすれば、こちらは「大切なクライアント」だ。内心は面倒くさいなと思っているかもしれないが、聞けばみんなわりと親切に教えてくれる。

コンサルタントに仕事を依頼する人も多いだろう。

僕から言わせれば、世の中のコンサルティング業の多くは、2～3回経験すれば内容や仕組みは理解できるものである。コンサルティング料を払うのなら、なるべくそのノウハウを吸収できるようにしたほうがいい。

会社はあなたが自分で作り上げる芸術作品である

先ほど法人税申告書を自分で作った話をしたが、これに違和感を持った人もいるかもしれない。よくビジネス書なんかに「自分ができないことはできる人に頼もう」などと書かれているからだ。

これもよくある間違いである。単に会社の経営者としてならそれでもいいのかもしれない。しかし、**あなたは代表取締役である前に、自分の会社の大株主**なのである。

会社は商品だ。作品と言い換えてもよいかもしれない。

アーティストが長い年月をかけて作品を制作するように、あなたは会社という作品を作っているのだ。コンセプトから素材、手法まで吟味し、細部まで納得のいく作品を作るのは、人まかせでは不可能である。

結局、会社を売るということは、会社という「芸術作品」の価値を高めていくことと同じなのだ。

営業部門であれ経理部門であれ、それは芸術作品の大切な一部である。その内容を経営者が全く理解せず、人まかせにするなどありえないことだ。

自分の会社のことは隅から隅まで知って、愛情を持って育てなければ、売るに値するいい会社は立ち上げられないだろう。

アーティストになったつもりで会社を作り、育てていこう。

会社は、あなたが数年がかりで制作する芸術作品なのだ。

尊敬する人のところに飛び込んでも本当に助けてくれる人はいない

何でも自分でやるべきだと僕が強く主張する理由は、他にもある。

スゴく悲しい話かもしれないが、**起業しても、あなたを本当の意味で助けてくれる人は存**

在しない。

というか、そもそも人に頼った時点で「負け」である。

人にものを頼むなと言っているのではない。頼むのはよい。頼るなと言っているのだ。

前にも少し似たようなことを書いたが、起業家のよくある勘違いに、「自分と一緒にビジネスをする」イコール「同じ船に乗り込んでくれている」というのがある。

これは、世界が自分を中心に回っているという勘違いである。

起業家は孤独だ。その孤独さに負けて、依存性が高くなり、仲良くなった人は全員自分と同じ船に乗り込んでくれていると思い込んでしまうのだ。

そして、そうではないことが発覚すると、とたんに「騙された」とか言って騒ぎ出すのである。そういう起業家はすごく多い。

実際には、同じ船に乗り込む人なんていない。相手は相手で自分の船に乗っていて、たまたま行先と速度が同じようになることはある。そうすると、相手がまるで止まっているように見えるため、自分と同じ船に乗ってくれているような気がする。

しかし、相手には相手の船があり、相手なりの旅の目的があるのだ。

例えば資金調達。確かにベンチャーキャピタルは同じ会社の株を持ってくれる。しかし、彼らは彼らで償還期限というものがあり、自分たちの投資家に対してリターンを出さなければならないという責務がある。

ベンチャーキャピタル側からすれば、あなたの会社の少数株主としての立場より、自前のファンドの償還期限やリターンの方が優先順位は高い。

会社のＣＦＯという役職だってそうだ。ストックオプションというインセンティブと、同じ会社の役員という立場でもあるから、ＣＦＯは真の仲間なんだと思うかもしれないが、それもたまたまその瞬間がそうなだけだ。

ＣＦＯといえば資金調達がメインの仕事だが、ベンチャーキャピタルから高いバリュエーションで調達することだけではなく、起業家にダイリューションを納得させるのも仕事だ。

弁護士だって同じだ。相手から送られてきた契約書のドラフトを手に、同じ目線で同じ温度感で考えてくれるわけではない。何かあった場合の損害賠償リスクは絶えずあるため、必要以上にリスクに対して言及するバイアスが職業上かかっている。

共同創業者という肩書だってそうだ。いつ共同創業者があなたとのビジネスへの興味を失おうが、共同創業者の勝手なのだ。

ここで大事なのは、これら違う船に乗っている人たちと、どのようにコミュニケーションを図っていくかを考えなければならないということである。

ここでの最適なコミュニケーション手段は「数字」である。

たとえあなたが困って尊敬している人に縋りついたとしても、無償で助けてくれる人なんていない。エンジェルで、よく「この案件は損してもよい」とか「利益は度外視だ」とかいう人はいるが、本当に利益が出なかったり、損をしても文句を言わない人はいない。

人に依存せず、常に数字で最適なコミュニケーションを図る努力を怠ってはならない。起業家の依存癖は職業柄、非常に多いので、気をつけなければならない。

そのうち「誰かしら」やってくる

同じ船に乗っていないとはいえ、同じ速度で同じ向きを一緒に走ってくれる船は心強いものだ。

しかし、あなたが起業をするのが初めてなのだとしたら、このような船は簡単には寄ってこない。人間、勝ち馬に乗りたい願望は強い。

例えば、僕の会社には優秀な人が周りにそろっているが、僕にお金がなくなったらどうなるか。全員とは言わないが、8割以上の人は離れていくだろう。べつに、僕はそれで人を恨むことなどない。

それが当たり前の世界なのだ。

それでも安心してほしい。

会社を回していれば、いつか絶対に人は入ってくるものだ。

タイミングや時期はわからない。ひと月後かもしれないし、半年後かもしれない。もしかしたら1年後かもしれないが、誰かしら、いつか入社してくる。

だから、なかなか人が増えないことで焦る必要は全くない。その点は気楽に考えたほうがいい。**すぐどこかへ行ってしまうのも仲間だが、すぐやってくるのも仲間だ。**仲間とは、流動性があるものなのだ。

起業で成功するコツは「バブル」を作り出すこと

起業で成功するには、同じ向きを同じ速度で走ってくれる船を一定数集めないといけない。誰もが、自分よりも勢いがあり、流れに乗っているところと一緒になりたいと思い、情報収集したり、業務提携先を探したり、サービス導入を検討したりしている。これは、資金調達や採用だけでなく、サービスやプロダクトの販売活動でも同じことだ。

営業で最も聞かれる質問は、ずばり「どこが導入しているのか?」である。

誰もが勝ち馬を探していて、負け馬と一緒になるのなんてまっぴらごめんなのだ。

起業とは、ある種、このジレンマとの戦いである。本当は、起業家たちは心の底で「今付き合ってくれなかったヤツらとなんて、一生付き合うものか」と思うであろうが、そうも言ってられないのが現実である。こちらが少し大きくなったらまた声をかけていく、ということを繰り返しながら、**実績と信用を作っていかなければならない**のだ。

このジレンマを乗り越えるには、「バブル」を作らなければならない。

バブルとはなにやらネガティブな香りのする言葉である。実態以上に、泡のように膨らんでしまい、泡がはじけたらほんの少しの小さな石鹸しか残っていない——。

実態が伴っていないのに、自分を大きく見せるなんて詐欺じゃないかという真面目な人もいるかもしれないが、なにも詐欺を働けと言っているわけではない。

自らが作ったバブルに追いつけるくらいの努力を必死にしなさいという話だ。

そういう意味では、起業は、バブルを作り出す努力とバブルに追いつく努力の両方がきちんと組み合わさらないとうまくいかない。

この起業家はイケてるとか、このサービスは今人気だという噂を業界のキーパーソンになるような人が聞きつけてポジティブな評価をしたり、そのサービスを導入したりすると、ますます周りの期待値は高くなる。

その期待値を担保に、資金調達したり、大きな仕事を請け負ったりすれば、さらに期待値は上がり、当初の実態からは想像もつかないくらい大きなことを成し遂げられる。

作った会社やサービスがみんなから期待され、どんどん期待値が上がっていく。本当はとくに何か変わったわけでもないのだけれど、そうでもしないと起業なんて成功しない。

批評される勇気を持たねば始まらない。批評は創造を促す。批評されるからこそ、会社を成長させ続けることができるのだ。

それに、期待値を上げるのは難しいが、期待値が下がる速度は異常に速い。上がっていく期待値に対して必死にじたばたしないと、なかなかスケールできない。

だから、**力技でバブルを意図的に作り出す**のだ。立ち上げ期の起業家の強みなんて、小回りが利くこと以外ない。

スピードで熱を生み、量をこなして量質転化させるのだ。

このような状況を意図的に作り出していくのが起業のコツである。

起業バブルを作り出す真意は、事業を立ち上げる、並走してくれるパートナーを見つける以外にも存在する。

売れる会社を作るには、あなたがいなければ回らないという状態ではいけない。

あなたは会社を売却するわけだから、あなたがいないと会社が回らないのでは、当然その会社は売り物にはならない。

だからと言って、社長不在で回る会社なんて、どんなに大きくなってもあり得ない。ソフトバンクだって、孫さん不在なら勢い半減だ。

会社を売ろうとすると、この矛盾とは向き合わざるを得ない。

どうしなければいけないかというと、社長のブランド化だ。

マネジメントの究極論は社長のブランド化である。立ち上げた最初のうちは、自分で何もするべきだ。しかし、徐々にその業務を人に引き継いでいかなければならないフェーズが存在する。

最終的には、社長が好き嫌いの判断だけをできる立場になることだ。会社らしさをみんなが理解して動いていけることが、マネジメントのゴールである。

社長が何もしなくてもよくなるというのとはちょっと違う。現場仕事に追われなくなるからこそ、伸ばすところを伸ばせるようになると言った方が近い。

誰から聞いた話か忘れたが、会社内で常習的に不倫をしていたマネージャーがいたらしい。それだけでもすごい話だが、彼は何度注意されても不倫をやめず、繰り返していたという。そのマネージャーがある日、グーグルに転職したという。そうしたら、ピタッと不倫をやめたそうだ。

理由は、「グーグルらしくないから」。

これが究極のブランディングである。

仕事を断るのも仕事のうち

起業してすぐの頃は、小さな仕事を頼まれるだけでもありがたい。誰かが声をかけてくれるだけでもうれしくなってしまうものだ。

だからといって、何でもかんでも受けてしまうのはよくない。**起業したら、自分のやるべき仕事でないものについては断る勇気を持たなければならない。**

会社の立ち上げ時期は、一つひとつの仕事が大切である。

それは、来た仕事をすべて受けろという意味ではなく、いかにいい案件を担当させてもらえるかが大事だという意味だ。

事業を軌道に乗せるには、はじめが肝心である。ここで受ける仕事があなたの会社のイメージを決めるし、最初期に受けた案件が次の案件も呼び込んでくれる。いい案件を担当していると、「あの仕事をした会社なら」と信頼度もアップする。

最初は苦しくても、自社の方向性と違う仕事は受けないことだ。

ここで、「もらえてありがたいから」という理由で妙な仕事を受けてしまうと、仕事をした気分にはなれるが、質のいい仕事が飛び込んできたときに受ける余力がなくなってしまう。手が空いたときには、すでにいい仕事は別のところにいってしまっている。負のスパイラルから抜け出せなくなる。

会社のイメージも立ち上げ期に来た仕事に左右されてしまうものだ。受ける仕事によって、社内に蓄積されるノウハウも変わってくる。

見当違いの仕事ばかり受けていると、事業がうまく立ち上がらない。最初こそ、苦しい時期はあるかもしれないが、一つひとつの仕事を見きわめ、選ぶようにしよう。

「最強の会社」を作る必要などない

僕も、質のいい案件が別のいい案件を呼び込むことを経験している。

インターネットビジネスを手がけた最初の会社で、ある時、大口クライアントを獲得することができた。その後、「○○を手がけている正田さんの会社」というイメージが出来上がり、別口からも質のいい仕事が舞い込んでくるようになった。その会社の仕事を手がけていることと自体が、僕の会社のいい宣伝になっていたのだ。

こうした良い実績をいかに早くつくるかが、起業では大切である。とくに法人対象の事業をしている会社は、優良クライアントの実績を早い時期につくるといい。

コンシューマー向けなら、ペルソナになりそうな著名人に自社の商品の感想などについてコメントをもらい、記事化してバズらせたいところだ。

プロのスポーツ選手も対戦相手は選んでいる。自分のキャリアにつながらない相手なら、対戦を断ることもある。これと同じで、**起業家も取引先や仕事内容は選ばなければならない**。

コンシューマー向けの事業を手がけている会社でも、はじめの一手はよく考えることが大切だ。一号店の立地でブランドのイメージが決まってしまう。一号店だからどこに出してもいいのではない。高級感や上質さを売りにするサービスなら、そのコンセプトに合わせて、1年かかっても2年かかっても銀座のど真ん中に出す、といった戦略が求められる。

イメージは一発で決まるものではない。一号店を銀座に出したらあとはどこでもいいわけでもない。二号店、三号店の立地もイメージに大きく関わってくる。

ブランドイメージは一手一手の積み重ねで少しずつ形成されていくものだ。それを方向転換させようと思ったら、大変な労力と長い時間をもう一度費やさねばならない。

そういうわけで、起業したら最初が肝心だ。来た案件に何でもかんでも飛びつかず、ときには我慢もしながら、最良の一手をじっくり選び、地道に実績を積み重ねていこう。

ブランディングはマネジメントの累積だ。マネジメントとは、様々なステークホルダーとのコミュニケーションである。時には数字で、時には情で、コミュニケーションを築きながらバブルを作り出すのだ。

そのバブルに実態が追いついたとき、ブランディングが成立し、会社が時代そのものになる。

はっきり言って、起業にはセンスが必要だ。誰もがウォーレン・バフェットや孫正義やビル・ゲイツになれるわけではない。

しかし、あまりセンスはなくマネジメントに集中していく「ど根性型」の起業家にだって、勝てる時はあるのだ。

良い仕事を徹底して積み重ねていけば、「売れる会社」は必ず作れる。

なにも「最強の会社」を作る必要などないのだ。しっかり従業員が定着し、しっかり取引先が存在し、それなりのブランドが出来上がってくれれば、数億円で売却可能だ。

自分が良いと思う会社を、根気強く作っていこう。

僕の15年間最大の失敗は「SNS戦略」を軽視したこと

この章の最後にはSNS戦略を持ってきた。

今の時代、企業及び起業家は、SNSでのコミュニケーションが多くなってきている。

僕は、SNS戦略が苦手だ。そもそも、僕は2017年になるまで、フェイスブックのアカウントもツイッターのアカウントも持っていなかったほどだ。

もちろん存在は知っていた。僕の最初の会社では、OpenPNEを使ったシステムなども納品していた。ただ、SNSというものが大っ嫌いで、これまでやってこなかった。

しかし今、どんなに嫌いでもSNSをやっておけばよかったと大変後悔している。

これは僕の大の苦手分野だ。とくに有益な話ができるかどうかわからないが、失敗から学べることもあると思うので、ここでSNS戦略について触れる。

僕が起業してから15年の間で、一番大きな変化があったと思うのはSNSだ。資金調達環境でもなく、事業モデルでもなく、SNSの存在が会社経営に一番大きな変化を与えていると思う。

僕が起業した頃は、SNSとはいえまだクローズドなものだった。ミクシィをビジネス活用する人はほとんどおらず、「ゆかし」とかが、知る人ぞ知る富裕層SNSだった。レイスが始めた「ウィズリ」なんてものもあったが、あまり人気は出なかった。

アメブロが伸びてきたあたりから経営者がSNSを使うようになってきて、今はツイッター、フェイスブック、仮想通貨周りだとテレグラムとかを、みんな組み合わせて使っている。有料メルマガの次は、オウンドメディアなんかも人気が出てきて、今はオンラインサロンとかがプラットフォームとして流行っている。

これらのSNSは、利用するのに資金もかからないし、手軽だ。いちいち会う必要もないし、不特定多数の人たちに無機質ではない形で同時に情報配信できる。

立ち上げのハードルが低いのと、コミュニケーションコストが低いというのが、SNSを経営者が使う理由でもある。

しかしそれだけではない。これからの時代にSNS戦略が必須になってきている理由は大きく2つある。

① SNSが与信管理に使われるようになった

② SNSは強い囲い込み商法になった

まずは①の「SNSが与信管理に使われるようになった」から説明しよう。

今、企業の与信の在り方が大きく変わってきている。 一昔前は、与信管理と言えば帝国データバンクや東京商工リサーチだった。

これらに登録され、利益や売上の金額、借金の金額によって評点がつけられる。これが高ければ良い会社、悪ければ危ない会社だった。

単純に言えば、3期連続黒字で自己資本比率が高い会社は与信が高い。そもそも帝国データバンクに掲載してない会社は論外。こんな感じだった。

でも、今は全然違う。**SNSで社長が誰と友達か、どんな発言をしているのか、どんなプレスリリースを出しているか、頻繁に情報発信しているか、を与信と考える。**

どんなに赤字が出ていても関係ない。ベンチャー企業はJカーブを経由しなければならないから、赤字が出るのは当たり前という考えに変わってきている。

SNSに情報を出さず、お金だけ持っている会社、利益だけ上がっている会社は、今の時代、得体の知れない者扱いされ、与信が低くなっている。

起業すると、様々な「村」に入ることになる。いわゆる「ベンチャー村」というやつだ。どこの村も既得権益を崩したくないから閉鎖的だ。

誰が支援しているのか、どこかで見たことがあるか、裏の仕掛人が誰か、などが企業の信用になっている。

だから、最近のベンチャー企業は資金調達をすると必ずプレスリリースを出す。一昔前は、資金調達をしたからと言ってプレスリリースを出すことなんてなかった。これも与信が変わってきた証拠だ。出所のわからないお金では信頼されないのだ。どのエンジェルから、どの企業から、どのVCからフォロー（投資）されているかが重要な時代なのだ。

次は②の「SNSは強い囲い込み商法になった」。

これは、SNSが流行っている本質ともつながってくる。**今、商売で使われているSNSは、一言で言えば囲い込み商法だ。**催事商法とか、そういう類と非常に似ている。**立ち上げのハードルが下がり、コミュニケーションコストも下がったため、SNSで囲い込むという商法がものすごく流行っている。**

SNSは弱い絆を作りやすいため、少額ならお金を出すという人を集めやすい。弱い絆がたくさんできれば、強い絆になっていき、そこに熱を持ったお客さんが集まり始める。そして、強い絆を持った人たちが、弱い絆を持った人たちを磁石のように引き付ける。

本来、そのサービスやコンテンツにもっとのめり込みたいが、そういう場がなく残念な思いをしていた人たちにとっては、すごくありがたいサービスである。

サービスの提供側も、リソースが多くとられないため費用対効果が高い。

そうすると、ごく狭い世界の中で、その企業やコンテンツまみれになり、さもその企業やコンテンツが世の中の中心であるような錯覚を起こした熱狂的な購入者が誕生していく。

このSNS囲い込み商法が流行していることによって、質が良いだけでは売れない時代になってきている。また、クライアント同士が結び付き始めると、人間関係という問題も紐づくから、質が悪いというだけで解約できず、低額で定額ならまあいいやとずるずるお金を支払うことになってしまう。

これは、なにも零細企業や中小企業だけが取り入れている手法ではない。例えばシャオミなんかも、この理屈で急成長を遂げた企業だ。

このSNS囲い込み商法が強い理由として、この商法をやっているもの同士がタイアップすることによって相乗効果が出る、という点が挙げられる。要はクライアントのスワッピングが実現し、ますます強い絆を作ることができるのだ。

このような状態が加速しているため、PR会社の台頭が後を絶たない。

そうしたコミュニティを作るために、既存のSNS囲い込み商法とタイアップさせることで収益を得ようとするPR会社だ。

僕がこれからのSNS時代において起業家たちに言いたいことは、3つだ。

◆SNS戦略は軽視せず、起業当初から自社のコミュニティを育てていこう

◆今はコミュニティさえ作れば質が悪くても売れる時代になっているが、いつかそれだけでは通用しなくなる。コミュニティを育てるだけでなく、サービスやプロダクトの質も高めよう。既存コミュニティに殴り込みができるくらい、強いサービスやプロダクトを作らなければならない

◆今はPR単価が高すぎる。PR費用をなるべくかけないように、コミュニティを育てる方向に頭を使おう

僕はこのようなSNS囲い込み時代が良いとも悪いとも思わない。

好き嫌いで言えば、嫌いだ。しかし、このSNS商法の影響は社会的に非常に大きくなってきており、無視できない存在になっている。

みんなが気がついていないだけで、経営者がタレント化していたり、逆にタレントが経営者化したりしているのは、すべてこの、SNS囲い込み商法の影響だ。

そのため、今からコミュニティを作っていこうとする企業は、ますますPRにお金をかけないと認知されない状態になってきている。ホームページを持っていない会社が存在しないように、今後はコミュニティを作ることも必須になってくるのだろう。

SNS囲い込み商法は、いろんな問題を抱えていると思う。実際、TIGALAでもオンラインサロン（pedia venture program）を行うわけだが、今、様々な場所で開催されているオンラインサロンに出入りしている人たちは、自らお金を払って、その企業やタレントに対して役務提供をしている。

仕事をしたくても残業をさせてもらえない会社も増えてきているため、人件費をかけたくないオンラインサロンオーナーと、もっと働きたくても働けない人とのニーズがマッチしているのかもしれないが、そこには経済的自立は存在しない。

経済的自立がなければ、それはただの駒である。

好きなことをやれているのだからお金はいらないという理屈なのだろうが、その発想は「サクッと起業してサクッと売却する」という発想とは最も遠いところにある。

チャンスがあるときに、自分のやりたいことを自分の判断と責任で行えるようにするため

には、お金が必要であり、どんな理由であれお金を放棄してはならないというのが「サクッと起業してサクッと売却する」考え方だ。

コミュニケーションの罠にはまらないよう注意してゴールに向かおう。

PART 2

実践編

〔第5章〕

会社を高値で売却する方法論

会社は「売るか」「つぶれるか」しかない

この章では、改めて、起業して会社を売ることについて考える。「会社を売る」ということは、まだ耳慣れないかもしれないが、僕は会社のゴールは売ること以外あり得ないと考えている。

会社には「売るか」「つぶれるか」以外の道は存在しない。「会社がつぶれる」の反対は「会社が成長する」だと思っている人は多い。しかし、違う。会社の最後の最後は「売るか」「つぶれるか」だ。

ソフトバンクという会社がある。孫正義氏が経営するあのソフトバンクだ。ソフトバンクは上場しているが、仮に孫さんがいなくなったらどうなるだろう？　それでもソフトバンクは存続し続ける。娘さんや奥さんがソフトバンクの株を相続することになるだろうが、会社は存続している。

どこかのタイミングで、孫さんから株を相続した人は、持っている株を売ることになる。それか、会社がつぶれるかだ。

よくＩＰＯとか相続なんていう人もいるが、それはまだ途中過程だ。最後の最後は、売るかつぶれるかなのだ。

会社がつぶれたらほとんど何も残らない。手元に何も残らないのは少し寂しい。**会社を作った瞬間から、本来ならいつか売ることを考えながら行動する必要があるのだ。**

売り方というものも存在する。

きれいさっぱり売って、旅に出るという方法もある。

大手の傘下に入り、子会社の役員として、また一社員としてやっていくのもアリだ。

経営マネジメントよりもクリエイティブな活動の方が向いている人には、そっちの方が快適だろう。株式交換で買ってもらえば、その後、買い手の会社の株価が上がれば自分のリターンも増える。

主体的に動くことの楽しさを知って、引き続き会社経営をやっていきたい、他の事業に集中したいと考える人もいるかもしれない。そんなときは事業だけ売却して、その資金を元手にほかの事業に集中したってよい。

買い手企業の傘下に入り、今後、買い手企業の一員として経営陣に出世する道を選んでいる若手起業家は多い。売却するほどの経営手腕をすでに会社の中で証明しているわけだから、そこからの出世は容易だ。

あるいは投資家側でベンチャー企業を支援する仕事をしたいと気づくかもしれない。

いずれにせよ、会社を立ち上げて一定期間回してみることで、あなたは自分の人生や生き方と真剣に向き合わざるを得なくなる。主体的に働くか、働かないかを選択するのは自分自身だったのだと、嫌でも気づくだろう。

会社を作って売る経験は、その人の生き方を変えるはずだ。

「会社を売って旅に出たい」と従業員に言うべきか

「会社を売却する」という話が具体的になってくると、いろんな悩みが出てくる。正直、やったことがない場合は、悩んだからといって正解が出てくる保証などないのだが、それでも悩みたがるのが人間だ。

よくある悩みとしては、売却することを他の役員や従業員に言ったほうがいいのか、またその場合、何と言うべきか、ということがある。

結論から言うと、**前々から堂々と言っておいたほうが良い**。前章でも話したが、皆同じ船に乗っていて、社長だけこっそり沈む船から逃げようとするわけではないのだ。

それぞれがそれぞれの船に乗っているのだ。

あなたが会社からいなくなっても、ぶっちゃけ誰も困らない。1カ月もすれば次の新しい社長と新しい関係を構築し、昔の社長のことなんて忘れていくものだ。

「会社が軌道に乗ったら売却する予定なんだ」とあけすけに話しても、意外と従業員は気にしない。「会社が軌道に乗ったら事業を伸ばしていくこともできるし、同業の大手の傘下に入るという選択肢もあると思ってる」くらいの話だ。

経営者のなかには後に残される従業員のことを考える人が多い。「自分たちを見捨てて会社を売るなんて」と彼らから後ろ指をさされるのではないか、経営者が変わった途端に従業員が解雇されるのではないかと心配する経営者もいる。

昔の敵対的なM&Aではそのようなことがあったかもしれないが、今の時代はそんなことはない。

会社を売ったら称賛される文化だ。そして、買い手はそうやすやすと従業員をクビにしない。事業再生案件ならいざ知らず、高い金を払って会社を手に入れて、自分で企業価値を毀損するバカな買い手はどこにもいない。

買い手が従業員にとんでもない仕打ちをするのではと考えるに至っては、想像力がたくましすぎるのではないだろうか。

そして、**あなたが思うよりも、あなたの従業員はビジネスライクだ。**

自分がこれまで同様に仕事ができるなら、オーナーが変わることはそれほど気にしないものだ。みんな自分の人生を忙しく生きるのに必死なのだ。

他にもよくある相談として、次にやりたいことを思いついてから売りたいが、次のことが決まらないから売れない、というのがある。

売却後、半年から1年、それこそ旅にでも出て、これまでを振り返りながらゆっくり考えるべきだ。

今の仕事で自分の容量がいっぱいになっている間は、新しいものなんて入ってこない。一度器の中を空にしないと、新しいものが入ってくる隙間がどこにもないではないか。

売ってしばらくすれば、次にやることなど自ずと決まる。売ってから考えよう。

会社の「売り時」とは

では、会社を売ったらいいタイミングはいつなのだろうか？

これは非常に重大な問題である。会社の売り時を逃したら、すごくもったいない思いをすることだってある。

僕が思うに、**「ここから先は企業価値を上げるのに時間がかかる」ときである。**

「時間がかかる」というのは、だいたい数年スパンと思えばいい。

なぜこのタイミングなのか？

企業の成長度合を表す放物線を描くとしよう。

はじめはやるべきことが多く、いったん成長曲線は下向きになるかもしれないが、方向性が大きく間違っていなければ、会社の業績は急速に伸びていく。成長曲線は急な角度を描くだろう。これを「Jカーブ」という。

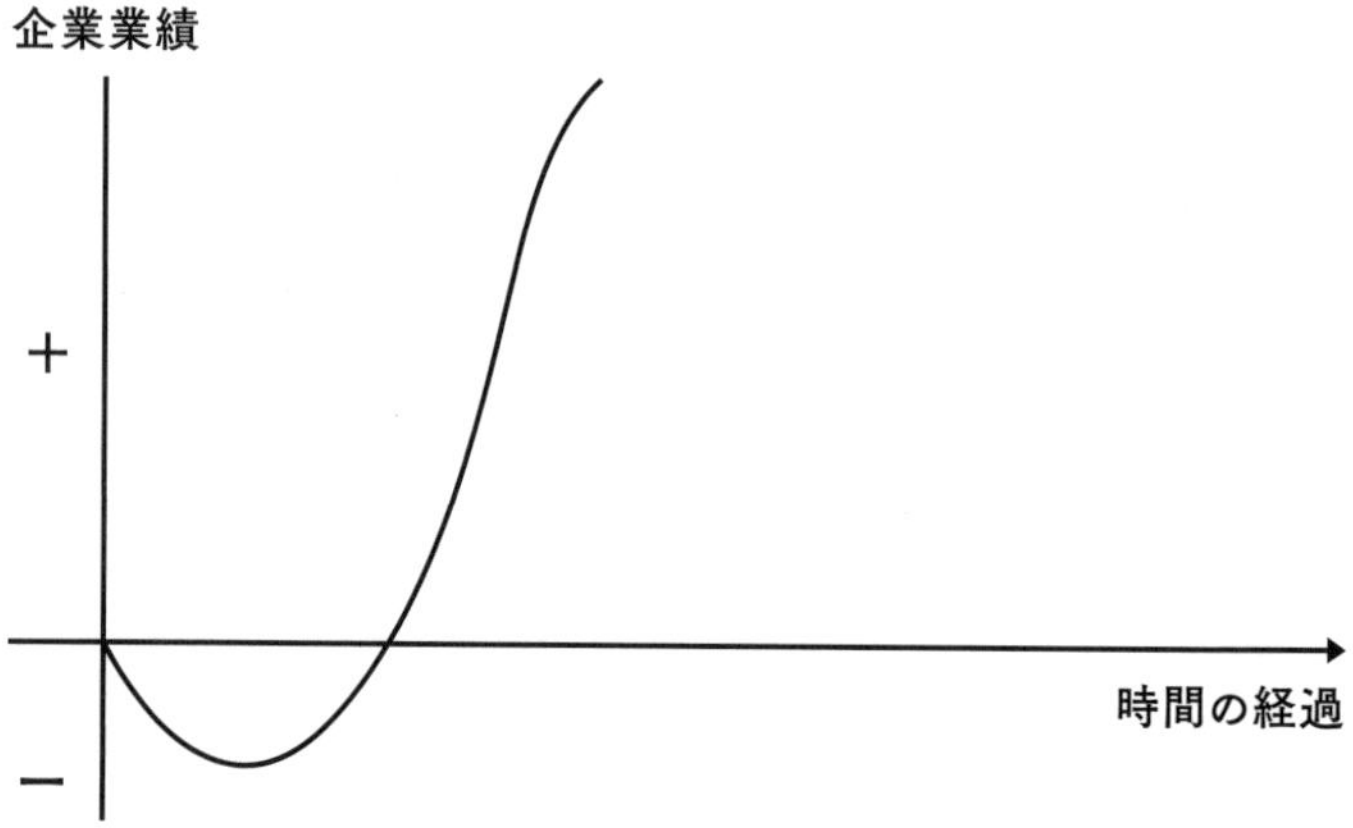
企業業績
＋
−
時間の経過

Jカーブ

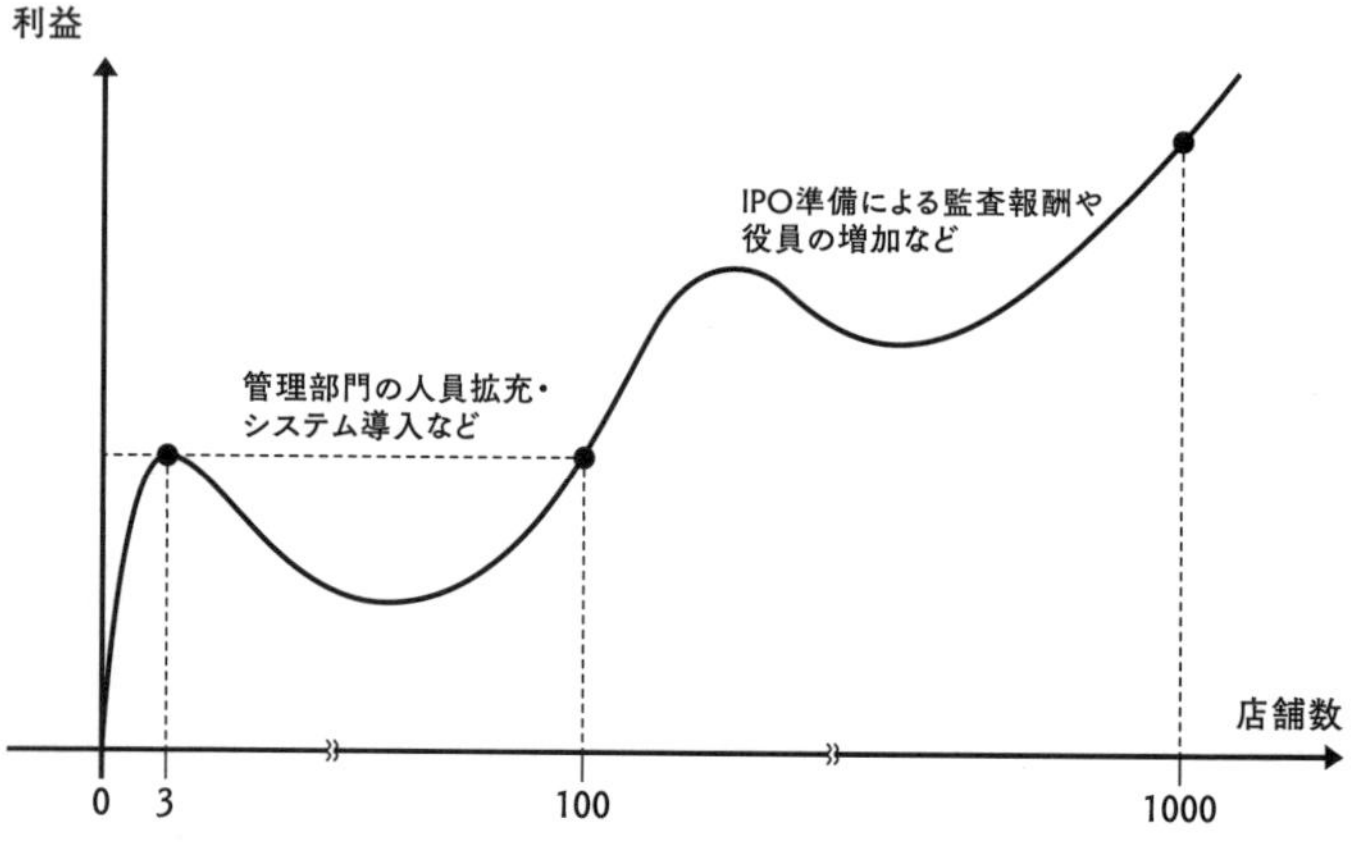
利益
IPO準備による監査報酬や
役員の増加など
管理部門の人員拡充・
システム導入など
店舗数
0
3
100
1000

企業の成長

ただ、それは長期間は続かない。考えうる限りの手を打ち終わってしまえば、その後の成長は鈍化する。つまり、成長曲線の角度は小さく、ゆるやかになっていく。

創業当初は、売上倍増を達成するのに1年しかかからなかったが、会社がある程度まで成長し切ってしまうと、売上を2倍にするのに3年かかる。たとえるなら、そんな状態である。そうなると、次の成長フェーズが訪れるまでには長い時間を要する。業績がいったん下降するときだってあるかもしれない。

おもしろい話だが、100店舗展開している事業を、儲かっている上位3店舗だけに縮小しても、利益は変わらなかったりする。規模が大きくなるにつれて、システム投資、中間管理職の増加など、様々なコストも増えてくるからだ。

そのカーブ地点こそが、まさに「売り時」である。

この**ゆるやかな成長曲線に乗っているうちに会社を売却し、また急な成長曲線を描ける別のビジネスにシフトする。**

そのほうが、トータルで見たときに時間効率がバツグンに良くなるのだ。

超合法的なインサイダー取引を実行せよ！

新しいビジネス、しかも「おいしいビジネス」が見つかるまでに必要な時間はだいたい2年というのが僕の経験則である（これは完全に僕の経験則なので、あまり参考にはしないでほしい）。

2年もあれば、成長性の見込めるビジネス、次にやってみたい「これだ！」というものは見つかっている感じがする。それまでは会社の売却益で旅に出るなり、勉強するなりして、次の手をじっくり考えるのが僕のスタンスだ。

ところが、会社を売った後のことが不安で、せっかく売れる会社を作ったのに売る決断ができない人、買い手がいるのに売るのを渋る人は少なくない。

これは、自分の会社に愛着があるというよりも、ゆるやかではあっても成長を続けている会社にいて役員報酬が定期的にもらえる「コンフォートゾーン」から出るのが怖いだけだったりする。

余談になるが、僕が会社を売ったときのことだ。僕が通っているジムのトレーナーが、興味深そうに売却の状況を聞いてくる。

売却がうまく進んでいる話をすると、不安そうに「売るのはもったいなくないか？」と聞いてくる。自分なら毎月入ってくるお金がなくなるから怖くて売ることなんかできない、ということだった。

しかし僕に言わせれば、成長曲線が鈍くなった会社を持ち続けて、その後も事業が拡大していく保証はどこにもないのだ。

飲食業ならたった1件の食中毒がきっかけであっという間に会社が倒れるかもしれない。何億円で売れば一生生活に困らない、という保証もない。

起業するということは、自分が作った非上場企業の株式に投資をしているということだ。非上場株式投資は、金融商品でいえばハイリスク・ハイリターンな商品だ。それが現金に換わるのであれば、換えておいた方がよほど安心だ。

起業を株式投資として考えると、究極のインサイダー取引だ。

サクッと起業してサクッと売却して儲かる理由は、これが超合法的インサイダー取引だからなのだ。

自分で成長が鈍化しそうだとわかるのであれば、なおさらその少し前に売却すべきだ。短期間でバリューアップできる局面がなくなってきたら売り時なのだ。そして、少しコツがあるとしたら、天井に到達する前に売ってしまうことだ。

よくあるのが、あと○店舗で業界ナンバーワンになるから、その時に売るというものだ。しかしその作戦は間違っている。

ナンバー2の状態で、ナンバー1を追い上げているときのほうが売り時だ。

投資の格言に、頭と尻尾は食べるなというのがあるが、起業して売却するときも同じである。

自分の成長曲線が会社の成長曲線を超えた時

それから、もう一つ意識してもらいたいことがある。それは、会社の成長と自分の成長を分けて考えてほしいということだ。

当たり前だが、自分の成長と会社の成長は別だ。

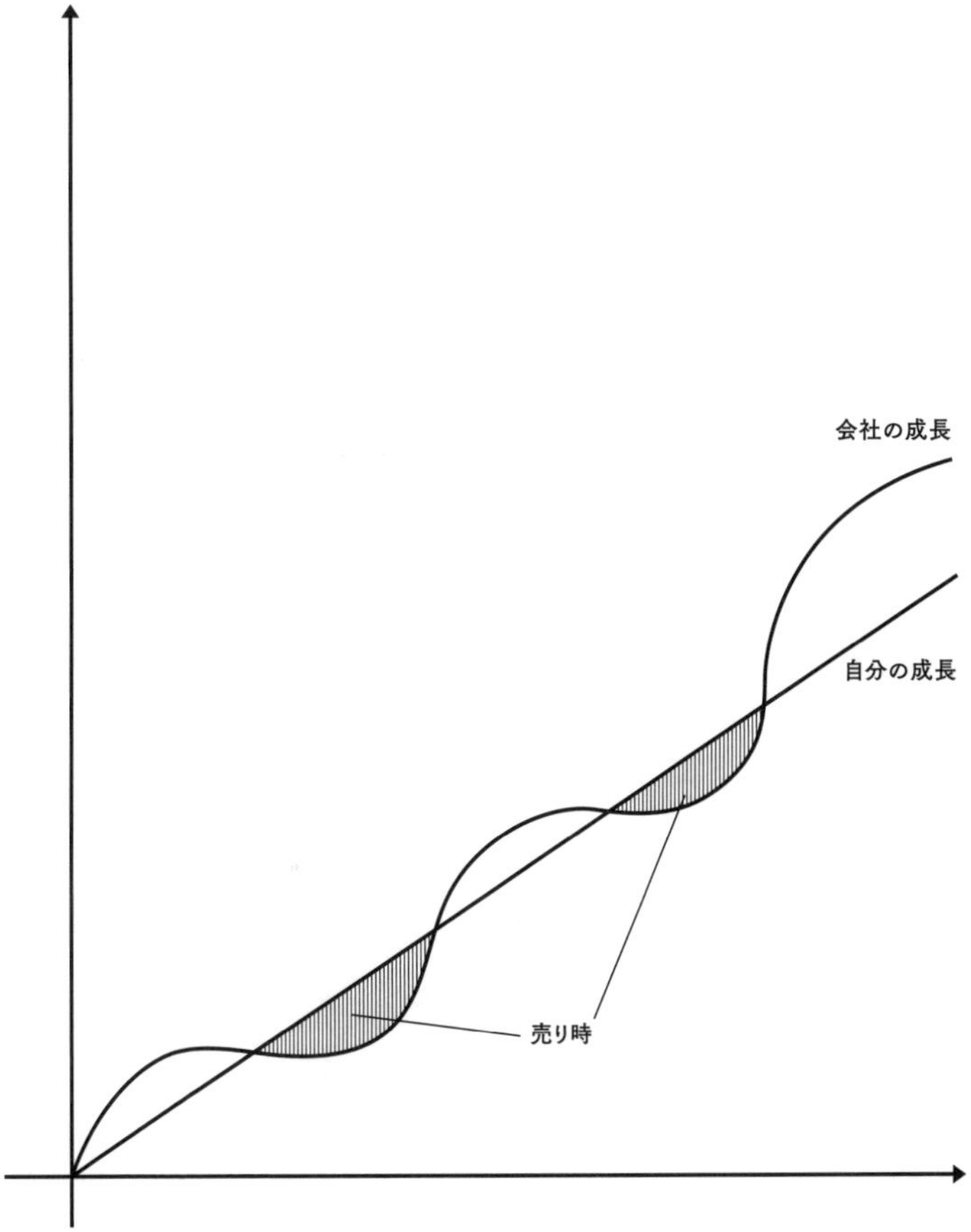

自分の成長と会社の成長

僕は、**自分の成長と会社の成長を比較して、自分の成長の方が急になったら売り時**なのではないかと考えている。

なぜ、あなたが起業して売却しようとしているのかを思い出してほしい。サクッと起業してサクッと売却して、お金と時間を両方手に入れるためだ。

お金と時間を手に入れて、本当に今の仕事をやりたいのかと自問自答するためだ。

自分の成長にも寄与しない仕事を、ただ単に毎月の役員報酬欲しさにやってしまっているんだとしたら、そんな会社はさっさと叩き売って別のことをやるべきだ。

売却と新たな起業のサイクルを繰り返し、起業家人生を満喫しよう。

「王冠」から「宝石」を取り外した、僕の最初の売却体験

そういう僕は、15歳で立ち上げたインターネットビジネスの会社（SEOの会社）を19歳のときに総額1億5000万円で売却した（実際には複数回に分けたりとかいろいろあるのだが、細かい話は端折る。詳細は『15歳で起業したぼくが社長になって学んだこと』を読ん

でほしい)。

会社を売ることには正直、抵抗があった。しかし、そんな僕の背中を押したのは、事業を辞めて一度リセットする時間を作りたいという切実な思いだった。

会社が成長するにつれ、僕は自分の会社が手がけている事業の技術面を理解できなくなっていた。ここでプログラミングを学んだり、システム系の能力を伸ばしたりするのも一つの選択肢だ。実際、そうする人もいるだろう。

ただ、僕はそれをしたくなかった。

業務がよくわからなくなってきているのに、動いているプロジェクトだけが肥大化していくのが、気持ち悪かった。もっと自分に向いている、やりたいことがあるはずだとの思いがあった。それを見きわめるには仕事に追われる日々から離れ、自分とじっくり対話することが必要だった。

SEOというビジネスに限界を感じていたこともある。ブログのSEO効果が急速に高まっていくのはわかったし(FC2の勢いは驚異的だった)、被リンクをどれだけたくさん準備できるかがSEO会社の実力になってきていたため(今は全然違う時代になってきているが、当時はそんな時代だった）、キャッシュがあるＳＥＯ会社には今後太刀打ちできないのではないだろうかという思いもあった。

そもそも、ＳＥＯを成功報酬で提供するという成果報酬型の販売形態は、日本で最も早く始めていたのではないかと思っていたが（違ったらすみません）、まだ学生だった僕はマネジメント能力がなく、何度も何度も営業チームの立ち上げに失敗していた（後述するが、学生が大人を雇ってきちんとマネジメントするのは超大変！）。

そのため、後発の会社にどんどんフルスピードで追い抜かれ、すでにＳＥＯの会社で上場したり、上場間際になった会社も現れ始めていた。

そんなわけで、僕は会社を売却する道を考え始めた。自分の意志で働いているかというのが本書の問いかけだが、僕は働く意志は強かった。しかし、働く前提条件が違ってきてしまったため、働くルールを自分で作り直したいと思った。そういう意味では、自分の意志で働いているというよりも、自分で作った流れの上で働かされていたのだ。

また、恥ずかしながら、売却を検討した理由として、会社で内紛が起きていたという事実もある。

当時、よくわからずに会社を作ってしまっていた僕は、借りたと思っていたお金について（確かに契約書は借用書となっていた）、相手から「それは出資した金だから利益の80％をよこせ」などというわけのわからないことを言われ、それを鵜呑みにしてしまって結構なストレスを受けたこともあった。


それに加えて、幹部メンバーである2人とも揉めていた。2人から「株を33％ずつ無償でよこせ」と言われていたのだ。計66％という巨大な株だ。

その会社の資金は全額、僕の自己資金から成り立っているにもかかわらずだ。

彼らの言い分としては、自分たちが人を紹介したり動いたりしているのに、今の給料では全然少ない、給料がもらえないのなら株をよこせ、ということだった。

最初のうち、確かにそんなことをOKしてしまったのかもしれないが、資本政策のことなどだんだんわかってくると、僕にとってそんな不合理な話はない（資本政策の無知とは大変恐ろしいものであるということをこの時に思い知った。でも、口約束でもそんな話を進めてしまった自分も悪い。ついでに言えば、確かにその2人は人を紹介してくれたかもしれないが、それが実際に利益につながったことはなかった）。

今でこそ、「簿価は確かにそうかもしれないが、企業価値とはそもそも簿価ではないので、企業価値を第三者に評価してもらいましょう」とか、「では、新株予約権にしましょう」とか、そんな提案もできるのかもしれない。が、当時はまだ『起業のファイナンス』（日本実業出版社刊）なんかも発売されておらず、起業に関する資本政策を学ぶ手段なんて僕にはなかったのだ（噂に聞いたところでは、今どきの若手ベンチャー経営者は皆、起業するときに『起業のファイナンス』を読んで資本政策を勉強しているらしい）。

僕は当時、グロービスの経営シリーズなども全巻読破していたが、ベンチャーファイナンス（資本政策）のことは書いてなかった。

性質《たち》が悪いのは、相手もまた資本政策に関する正しい知識がないことだ。

騙そうとか、僕に損をくらわせてやろうとか、そんなことは全く思ってなかっただろう（と信じている）。もし騙そうとしていたのなら、僕が頑なに拒んだらそれで諦めるはずだ。

相手も相手で、正しい知識がないがゆえに本気で揉める。

ある日、会社に戻ると、会ったこともない経営コンサルタントを名乗るおっさん（行政書士資格を持っているという）とその2人がいて、株を無償譲渡しろと延々説得され、わけのわからない契約書に押印させせられそうになった。

べつにその2人を恨んではいない。彼らは彼らなりに思うところもあれば、彼らは彼らなりの意見があり、彼らとしては正しい意見を主張していたのだろう。

ファイナンスを正しく習得した今なら、それは間違った意見だと相手に論理的に説明することができる。しかし当時は、説明するための理論武装すらできていなかったし、それを説明できる立場関係にもなかった。向こうからしたら、しょせん僕は「よくわかっていない子ども」だったのだ。

結局、どうするか考えに考え、いろんな人に相談した結果、某投資家から「クラウンジュエル」という言葉を教えてもらった。

ウィキペディアから引用する。


「クラウンジュエルとは経営学用語の一つ。企業が敵対的買収の危機に置かれている場合に、その企業の保有している価値のある部門や財産を第三者に譲渡したり分社化することで、自社の魅力を低下させ、買収者の意欲を削ぐということ。この言葉は、王冠が狙われている場合に、その王冠に組み込まれている宝石を取り外すことで王冠の魅力を低下させ、王冠を狙われなくするということになぞられて用いられている」

つまり、事業を売却してしまえばどうかという提案だ。事業を売却してしまえば、彼らもそこまで株を欲しがることもなくなるだろうということだ。

そこで、事業を売却していく方向性を話して幹部メンバーにはしぶしぶ納得してもらい、ある意味法外とも言える金額を支払わされ（この時も、僕は税金のこととかよくわからずにポケットマネーで払ってしまったが、退職金にすれば経費にできたし、相手もその方が節税になった！　無知って怖い）、2人に会社を去ってもらった。

結局、うちが当時優良クライアントを多く持っていて、一番伸びていたウェブ制作事業を売却した。勢いが衰えてはいたものの安定収益となっていたSEO事業も、その後売却した。

これが、一見前向きとも後ろ向きともとれる僕の最初のバイアウトである。

事業を売って思ったのだが、売却は完全に割り切ってできるものではない。新たな世界を切り開くのだという希望はもちろんあるが、今売却してよかったのか、もっとできることはあったのではないかなど、様々に後ろ髪を引かれる思いもある。これは、この時の売却だけではなく、毎回そうだ。

でも、ダラダラと惰性で現状に甘んじるよりは、先行きが見えないなかでもスパッと割り切って売却して、いろんなしがらみをいったん現金に換えてしまうことは良いことだと思う。着の身着のままで会社を出ていくわけではないのだ。大きなキャッシュと引き換えである。

反感を買いそうだが、真実なので、あえて言わせてもらう。

お金は人と違って裏切らない。インフレで裏切られたとしてもわずかなものだ。

自分で作った会社の居心地が悪くなったのなら、嫌々働くなんてバカげている。一度リセットして、やり直せばよい。

そうできるようになるためにも、いかに「売れる会社」を作っておくかは大事である。

売れない会社の価値はゼロ

会社を売るとき、会社の売上や利益はもちろん重要だ。ブランド価値が必要な話もした。

ただ、会社を売る際には、ほかにもいくつかの落とし穴が存在する。

どんなに良い事業であろうが、売れない会社の価値は0円だ。ベンチャーキャピタルからプレバリュー10億円で1億円調達していようが、100%株式の買い手がつかない会社の価値はゼロなのだ。

あなたの会社は商品である。どんなに機能的でも、傷があればディスカウントされるし、欠陥があれば買ってもらえない。

ここからは、**せっかく事業が良いのに売り物にならなくなってしまうようなリスクを回避する方法**を教える。

僕は「会社を作るのは芸術作品を作るのと同じ」だと思っている。

売るときも芸術作品と同じように売ろう。

芸術家が作品を売って生計を立てるように、起業家は作った会社を売って生計を立てるのだ。毎月の役員報酬なんてチップみたいなもんだ。

芸術家を見習え。キングコングの西野さんを見習え。

芸術家は、アドバイザーやオークションハウスや美術館の人に作品の成否を相談しながら、シナリオを作って作品の価値を高めていく。この過程で多くの人の熱狂があるから、価値が定着して高い値段が付くのだ。

価値を付けるためにも、様々な助言や知恵を吸収すべきだ。

本来は、会社を作るときと同じくらい、売るときのやり方も考え抜かなければならないのだ。むしろ、会社を作った瞬間から、あるいは会社を作る前から、どこに売るかも考え始めるべきなのだ。

会社は、長い時間をかけ、苦労して大切に育てた「作品」である。

それでは、これからよくある落とし穴を具体的に挙げていく。

よくある落とし穴は、法務、会計にある。

法務の落とし穴

「契約書」がない重大な取引などというものがあったりする。仲良くなってノリでスタートしてしまい、契約書が存在しないという会社は意外とある。

また、大手の企業に言い負けて、不利な契約を結ばされていることでも企業価値は減少する。

理想は、**会社を立ち上げたときから売る前提で、売却するときの障害にならないような契約書を結んでビジネスをする**ことである。そうしていなかった場合は、売る前に急いで契約内容を見直した方が良い。

クライアントやフランチャイズ先だけでなく、従業員との雇用契約、就業規則も見直そう。契約書一枚で会社の値段は大きく変わる。

そんな細かいことは自分の仕事ではない、というのはやめよう。それが雇われ癖というやつだ。会社は自分の作品なのだ。少しでも企業価値を損なう可能性があるのならば、徹底的に対策する。それが、会社という作品を作るプロの姿勢だ。

「甲および乙」が「甲または乙」となっているだけで会社の価値が大きく変わる重要な契約だってあるかもしれないのだ。

会計の落とし穴

会計をきちんとしておく、なんてアドバイスをすると、読者をバカにしていると思われるかもしれない。税理士にきちんと頼んでいますよ、と。

ところが、どんなに税理士を介在させていようとも、会計データが整備されていない会社は意外と多い。M&Aアドバイザリー事業を手がけている僕が言うのだから、これは残念ながら真実である。

仕訳が間違っているという不備だけではない。会計が部門別になっていない、発生主義で入力されていないなど、様々な雑さが目立つ。

例えば、10店舗展開していて、店舗ごとの売上は把握できるが、経費がどこに分担されているかわからない。どの事業にどの資産が紐付いているか明確になっていない。つけている日報と会計データの数字が若干ずれてしまっている……。そんな事例は山ほどある。

M&Aで会社を売るとき、買い手がもっとも知りたいのはやはり会計面だ。彼らが買いやすくなり、あなたの会社にいい値段を付けてもらうためにも、会計データの整備はきれいに行っておきたい。これは、顧問税理士に強く言うだけではダメである。

税理士は会社の売り方なんてわかっていない。税理士は税務署に文句を言われないための資料を作るのが仕事であって、あなたの会社の売却とは何の関係もないのだ。

自分で、どのように会計を整えれば買い手に伝わりやすいかを考えながら作り込んでいかなければならない。何度も言うが、会計データもあなたの作品なのだ。

僕は、自分がM&Aの売り手側のアドバイスに入るときに、売りに出すのを1期遅らせましょうと提案することもある。

会計データが整っていないことで、会社の値段が大幅にディスカウントされてしまうこともあるからだ。1年会計まわりを整備するだけで、値段が倍になることだってある。

また、繰り返しになるが、売却後の事業計画も作っておくほうが望ましい。

買い手は事業のKPI（Key Performance Indicator の略。企業の目標の達成度合いを評価するための重要業績評価指標）を気にする。同業ならKPIも想像がつくが、買い手が異業種の場合はこの点もディスカッションの材料になる。

そのとき、「うちの会社のKPIはこれです」と明確に表現できなければならない。「いろいろあります」では、交渉の場は一気にシラけたものになるだろう。買い手もあなたの会社が買うに値するものなのか判断できない。

KPIがダウンロード数なのか、取引顧客の質なのか、従業員の人数なのか、稼働率なのか、何でもいいから普段からきちっと言語化しておき、いざというときに答えられるようにしておいたほうがいい。

自分が育ててきた会社という「作品」をお客様に売るのである。「いろいろ」「なんとなく」ではダメだ。商品説明のできない販売員にイラついた経験は誰しもあると思う。それでは商品は売れないことはわかるだろう。

あなたの「商品」の強みや特徴を効果的にプレゼンテーションできるように、自分の会社や事業を言語化する訓練をしておこう。 KPIの言語化とそのブラッシュアップは、会社を売るときに必要不可欠なテクニックだと覚えておいてほしい。

そのために、事業計画は創業当初から絶えず作り直しておくのだ。

取引してはいけない相手がいることを知る

あまり想像したくないかもしれないが、会社を売るときにトラブルが起こることがある。それは、**「反社会的勢力」と「反市場的勢力」との取引**である。

そんなところと取引なんてしませんよと言うかもしれないが、意図せずに紛れ込んでしまっている場合だってある。


反社会的勢力は、いわゆる暴力団や暴力団関係企業をイメージしてもらえばいいだろう。

金融庁の定義では「暴力、威力と詐欺的手法を駆使して経済的利益を追求する集団又は個人」（金融庁「主要行等向けの総合的な監督指針」）とある。

反社会的勢力に会社を売却した場合、利益供与と見なされ、売り手の社会的信用や商品・サービスのブランド価値まで失墜してしまうおそれがある。金融庁からの指導を受ける可能性もある。従業員や取引先にまで被害を与えてしまうかもしれない。

現在、すべての都道府県において暴力団排除条例が制定されており、これに違反した場合は勧告や公表をされてしまう。関わると大変なリスクを負ってしまうことがわかるだろう。

反社会的勢力についてはいちいち説明されなくても、関わってはいけないことは容易に想像がつくかもしれない。起業経験のない人に分かりにくいのは反市場的勢力のほうだろう。

反市場的勢力とは、過去にインサイダー取引や相場操縦行為などを行った企業や投資家をさす。つまり、公正な株式市場を荒らし、その健全性を損なったことのある企業や投資家、と考えればいい。取引先コードを作り、定期的に反社チェック・反市チェックを行っているかもしれないが、普通の企業だとなかなかそこまで手が回らない。

気をつけなければならないのは、反社会的勢力も反市場的勢力も「見た目ではわからない」ということだ。

反社会的勢力や反市場的勢力と付き合ってしまうと、上場企業や買収後に上場を目指すファンドなどは、あなたの会社がどんなに良い会社であろうと買うことができなくなってしまうのだ。

こうしたトラブルはあらかじめ避けていこう。

会社経営とはM&Aをすること

僕の会社は企業の合併・買収を支援する、M&Aのアドバイザリー事業をメインとしている。

仕事柄、会社を売ったり買ったりする現場を数多く見てきたが、「会社を売るなんて考えたこともありませんでした」と言う経営者は意外と多い。とくに年配の経営者にその傾向が強い。

ただ、本書を読んでいただいたあなたはもうじゅうぶんに理解していただけただろうが、これはおかしな考えだ。

株式会社とはもともと、買ったり売ったりすることを前提とした制度なのだ。M&Aという制度があるように、会社は売却できるし、買収できる。なんら不思議なことはない。

僕のスタンスは、「会社経営とはM&Aをすること」である。

後継ぎがいなくて不安に思っている企業があれば、他社と合併して会社を存続させることができる。

海外進出を狙っている企業が、すでに海外進出に成功している企業と組めば、短期間で競争力をアップすることができる。

弱みを補完し合って強みに変えることもできるし、同業でより上手に商売をしている会社の傘下に入って成長すれば、世の中に提供できる同種のサービスはより豊かなものになる。

それらを実現するための仕組みがお金であり、株式なのだ。


売り先を見つけるとき、自分で見つけるか、人に探してもらうかという問題がある。

僕としては、自分で探したほうがいいと思っている。自分の会社のことは自分が一番よくわかっているからだ。

しかし、契約書の見直しにあたり複雑な交渉が必要だったり、会計面を整備したり、買い手候補の当てがなくて、どこかにアドバイスを頼みたいことだってあるかもしれない。

また、買い手との交渉には独特の技術が必要になる。買い手は経営能力が高いため、チャンスがあればあなたの会社をより低い値段で買い取ろうとするかもしれない。それに対抗するためには、買い手候補が他にも存在することと、今買っておかなければ後々もっと高い値段を払わなければならなくなることを論理的に証明し、オークションに持ち込まなければならない。

相談相手が必要なら、遠慮なく僕のところまで連絡してほしい（office@tigala.co.jp）。

M&Aは社会悪か？

最後に、こんな話をして第5章を終わりたい。

M&Aとは、一言でまとめると**「より経営を上手に行うことができる自信のある経営者が、他の経営者から会社を譲り受ける行為」**だ。

これを聞いて、何か嫌な感じを受けた方もいるかもしれない。

M&Aや金融の世界には、乗っ取りとかマネーゲームといったネガティブなイメージが付いてまわる。

世間的には、M&Aという概念は、金を積んで本当は売りたくもない社長から会社を取り上げてしまうというようなイメージがあるかもしれない。

より能力の高い経営者が企業を譲り受けるというと、なんだか、能力が高い経営者が低い経営者から会社を取り上げ、会社から追い出すかのようなイメージを抱いてしまうかもしれないが、現実はそんなことはない。

M&Aで会社を売却するとき、売り手のオーナーはきちんと金銭的対価を受け取る。会社を相応に成長させた対価をきちんと受け取ったうえで、納得して買い手にバトンタッチするのがM&Aだ。

買い手と売り手の合意がなければ、M&Aというものは成立しようがない。

敵対的買収などという言葉があるが、これも言葉の綾だ。

売り手側の株主が合意しているからこそ、買収が成り立つ。スクイーズアウト、売渡請求といった言葉もM&Aにはあるが、それ相応の対価も払わずに、勝手に乗っ取ったり、追剥をしたりするような真似は物理的に不可能だ。

メディアが自分たちで理解できない金融というものを、さぞ悪者のように書き立ててきたため、いまだにこのような誤解が付いてまわる。

買ったから偉いわけでもなければ、売ってしまったから魂を売り渡したわけでもない。

M&Aとは、買い手側からすれば、その会社を買ってくることによって、より自分の能力を発揮する機会を増やす、ということである。

そして売り手側は、売却していったん得た資金を使って、また自分がより能力を発揮できる他の事業を始めることができる、ということなのだ。

これを総括すると、「M&Aとは経営者の能力を競い合う活動である」と言えるわけだ。

僕は、会社経営とはM&Aをすることだと考えている。

M&Aとは、才能という抽象物に値段をつけ、誰にでもわかりやすいフェアな世界を実現するためにある。そして、このフェアな制度が、多くの投資家と起業家が集まる、安心できる活発な市場を形成するのに役立っている。

さらに言えば、M&Aこそが世の中に埋まっている富や資金、あるいは才能を市場に引き込み、新たな事業や産業を創出する原動力になっているのだ。

M&Aとは、個人が自己の才能を具現化し、自己実現していくための健全な手段なのである。

企業のトップがM&Aをする理由は、PER（株価収益率）の高い会社が低い会社を買収することで、自らの高い経営能力を買収した会社にも行き渡らせ、全体としての企業価値を高めていくためだ。

逆に、他社からのM&Aに応じた売り手側は、エグジットして得たお金を資金とし、次の事業を起こしたり、別の会社に投資したりする機会を得られるのだ。

自分の才能を社会でより活かすために、対価を払い、あるいは受け取る。自分の才能をより活かせる場を探していくという点において、買い手も売り手も全く同じなのである。

本書を通じて、「サクッと起業してサクッと売却する」考え方が、個人を幸せにするための道具であり、個人の才能を社会に具現化するための手段なのだとわかっていただければなによりだ。

終わりに

人生の一番大きな問題を解決するのはお金

「お金持ちになりたい」と思っている人は少なくない。僕も、人一倍強くお金持ちになりたいと思って起業した一人だ。なかには、お金持ちになんてならなくても信用持ちになれば解決するとか、熱中できることを持てば良いという人もいるかもしれないが、だからといって、お金を持たなくて良いという話にはならない。お金があれば、時間が手に入る。お金があれば、自由に生きれる。逆ではないのだ。

人間が、もっと幸せになりたい、もっと自信をもって生きたいと考えれば、結局はお金を手に入れなければならないのである。

お金を手に入れる方法はいくつかある。人からもらう。取り上げる。給料を稼ぐ。今なら仮想通貨でお金を作るという方法だってある。

お金を儲けるという行為自体を「品がない」と思う人は多い。でも、お金が十分にあれば自分のやりたいことを実現できるし、それで世界が豊かになるかもしれない。

多くの人が「金を稼げ」と言われることに嫌悪感を示す傾向にある。「金を稼げ」と声を大にして言うと、品位を疑われ、何か良からぬことでも企んでいるかのように扱われる。

僕は、この間違った考え方にそろそろ終止符を打ちたくて本書を書いた。

本書は起業（スタートアップ）を勧める本だ。15歳の時からお金と真剣に向き合ってきた僕は、一番確実で、一番速くお金を儲ける方法は「起業して会社を売却すること」だと確信している。

この「終わりに」から読んでいる人のために誤解のないように断っておくが、起業をしたら確実に金持ちになれるとか、絶対に起業に成功する秘訣があるなんてことは本書では述べていない。もちろんリスクだってある。その、リスクと真正面から向き合い、お金持ちになろうとすることを肯定する試みが本書なのだ。

もちろん、お金だけが富だというつもりもない。家族とか、恋人とか、思い出とかも富である。お金もそうした富の一つだ。

僕は、このお金という富に対して、みなさんにもっと心を開いてもらいたいのだ。

僕はあなたに、もっと欲張りに人生を生きてほしい。家族を大事にしたからといってお金を諦めることにはつながらないし、何かに熱中していたからといって貧しさを肯定する理由にはならない。

もしかすると、あなたは「お金」とか「起業」というテーマを目や耳にしただけで不安にかられ、「自分には無理だ」と思っているかもしれない。高度にテクノロジー化が進んだ今の時代に、起業して売却するなんて難解すぎる。そんなにうまくいくわけがない。そう思って心を閉ざしてしまっているかもしれない。

サクッと起業してサクッと倒産するかもしれない。

でも、やり直しは何回でも可能なのだ。

「そんな、ゲームみたいにリセットなんてできるわけがない」という人に言っておくが、起業はゲームだ。だからリセットもできる。

そもそも、起業って現実世界のものなのか?

よーく考えてみてほしい。

会社って目に見えるか？

契約って目に見えるか？

お金ってただのデジタルデータじゃないのか？

福沢諭吉の顔が描いてある紙に価値があるなんて、それこそ虚構の世界ではないのか？


人間が動物と違うのは、虚構の世界を作り出すのがうまいことにあるらしい。

起業とは、ある意味では虚構の世界なのだ。

つまり、起業はゲームなのである。お金儲けもゲームだ。だから、「たかがお金」なのだ。

古代ローマみたいに、円形闘技場で戦って生き残ったほうに賞金が出るとか、そっちのほうが全然リアルだ。


「金を稼げ」「金儲けはゲームだ」など、極論ばかり言っているように聞こえるかもしれないが、最後に二つ、お金についてあなたに忘れてほしくない真面目な話をする。

第一に、起業したからといって金持ちにはならないということ。

起業して、自分の会社から給料をもらって満足しているのでは、人に雇われているのと変わらない。起業するということは、自分の会社の株を持ち、自分の会社に投資しているということだ。自分の会社の株の価値を増やし、売却しないと、急激に富を得ることはできない。長年必死に働いてコツコツお金を貯めていても、金持ちにはならないのだ。インカムゲインではなく、キャピタルゲインでしか金持ちにはなれない。

二つ目。お金というものは、増える時は異常なほどの速さで増えるものであるが、これを絶対に安全に保有しておく方法などないということ。

世の中に完全なる元本保証などない。銀行だって倒産するかもしれないし、円だって暴落するかもしれない。仮想通貨に取って代わられたら、法定通貨なんて30年後には価値がなくなってしまっているかもしれない。もちろん逆もありうる。10年後には1ビットコイン10 0円に戻っている可能性だってある。

つまり、一度金持ちになったからといって、そこで「上がり」にはならない。「上がる」方法など、生きている限り存在しないのだ。

結論。

僕が本書で言いたかったことは、「サクッと起業してサクッと売却する」というのは「生き方」であるということだ。連続起業家（シリアルアントレプレナー）という生き方を、本書を通じてあなたに問いかけ続けたのが本書だ。この生き方は、さまざまな可能性を開いてくれるだけでなく、今、思いもしていないような方向へ僕たちを導いてくれる。


僕自身、この生き方で、いくつもの困難にも遭遇した。

しかし、今、15年以上前の自分の夢を、はるかに超えた体験を得ている。

あなたにもそうなってほしい。

あなたの夢を再び拾い上げ、実現し、あなたの夢をさらに上まわる体験をしていただけたら、こんなにうれしいことはない。

二〇一八年一月

正田　圭

pediaについて

pedia は、スタートアップとベンチャーキャピタル（VC）のためのニュースメディアです。
全世界のスタートアップの資金調達、IPO や M&A などのエグジット等、起業家や投資家向けに、世界の最先端スタートアップシーンをお届けします。

https://thepedia.co/

pedia venture programについて

「シリアルアントレプレナーになる」をコンセプトにした、新しい会員制コミュニティです。

ビジネスに特化していて、本気で事業を成功させたい人だけが集まっています。

具体的には、pedia で取り上げられたニュースをより深く理解し、実際に話題の中心になった人と直接触れ合い、メンバーの飛躍的な成長を目指します。

課題に対して正田圭自らコミットしてアドバイスするのはもちろんのこと、すでに成功した連続起業家のメンバーからもフィードバックを得られます。

今から起業する人にも、すでに起業している人にもお勧めです。

pedia venture program の参加はこちらから
https://salon.thepedia.co/

正田 圭（KEI MASADA）
TIGALA株式会社代表取締役社長。15歳で起業。インターネット事業を売却後、M&Aサービスを展開。事業再生の計画策定や企業価値評価業務に従事。2011年にTIGALA株式会社を設立し代表取締役に就任。テクノロジーを用いてストラクチャードファイナンスや企業グループ内再編等の投資銀行サービスを提供することを目的とする。2017年12月より、スタートアップメディア「pedia」を運営。
著書に、『ファイナンスこそが最強の意思決定術である』『ビジネスの世界で戦うのならファイナンスから始めなさい。』『15歳で起業したぼくが社長になって学んだこと』（いずれもＣＣＣメディアハウス刊）がある。
正田圭のnoteはこちら：https://note.mu/keimasada
Twitter　@keimasada222

サクッと起業《きぎょう》してサクッと売却《ばいきゃく》する
就職《しゅうしょく》でもなく自営業《じえいぎょう》でもない新《あたら》しい働《はたら》き方《かた》

2018年2月9日　初　　版
2018年7月10日　初版第3刷

著者　正田 圭
発行者　小林圭太
発行所　株式会社CCCメディアハウス
〒141-8205 東京都品川区上大崎3丁目1番1号
電話　03-5436-5721（販売）
03-5436-5735（編集）
http://books.cccmh.co.jp
印刷・製本　豊国印刷株式会社

Printed in Japan
ISBN978-4-484-18202-5

著者好評既刊

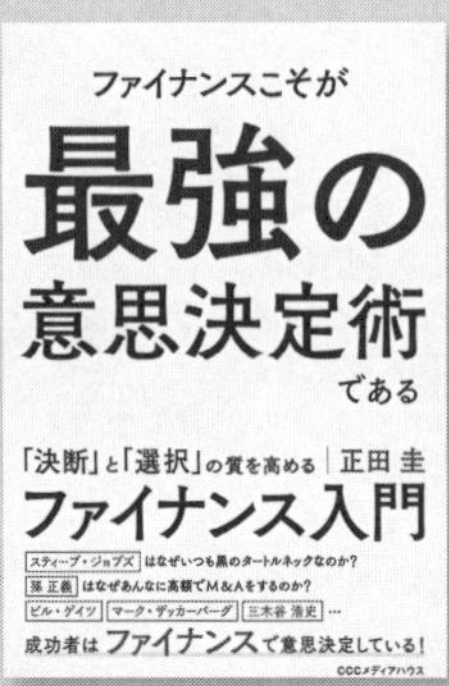

ファイナンスこそが最強の意志決定術である

S・ジョブズはなぜいつも黒のタートルネックなのか? 孫正義はなぜあんなに高額でM&Aをするのか? 質の高い意思決定を積み重ね、「とんでもない結果」を出す人になるための、全く新しいファイナンス入門。

本体1600円+税　ISBN978-4-484-17228-6

ビジネスの世界で戦うのならファイナンスから始めなさい。

いま始めるならプログラミングよりファイナンス。ビジネスの世界ではファイナンス人材が圧倒的に不足しています。M&Aの最前線で活躍する実務家が語る、数式なし、でも「本当に使える」ファイナンスとは?

本体1600円+税　ISBN978-4-484-16227-0

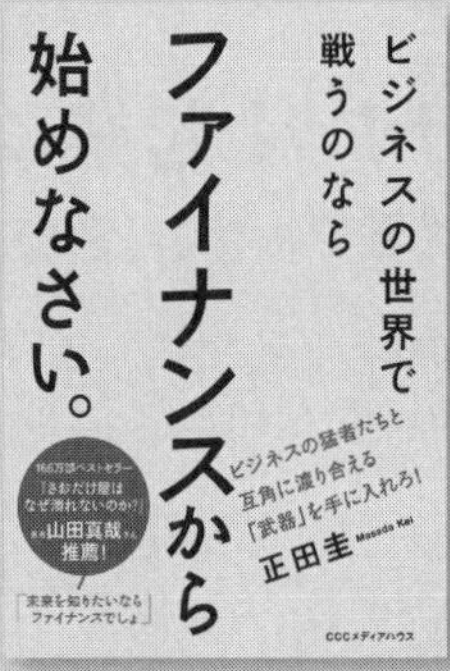

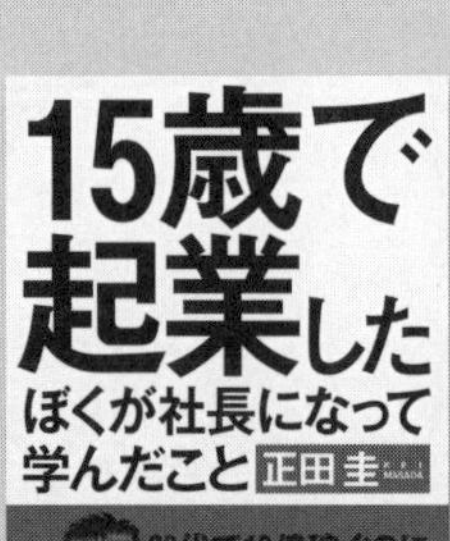

15歳で起業したぼくが社長になって学んだこと

「お金持ちになりたい!」サラリーマンと専業主婦の両親を持つ地方の中学生がそう決意してから15年で身につけた、学校では教えてくれない「お金を稼ぐ方法」とは?　若き経営者の波乱の半生と斬新な起業論。

本体1400円+税　ISBN978-4-484-16207-2